님께

_____

_____

_____ 드립니다.
_____

데이터 분석의 힘

그 많은 숫자들은 어떻게 전략이 되는가

데이터 분석의 힘

이토 고이치로 지음 ┃ 전선영 옮김 ┃ 이학배 감수

ＩNFLUENTIAL
인 플 루 엔 셜

추천사

2018년은 헝가리 출신의 의사 이그나즈 제멜바이스가 탄생한 지 200주년이 되는 해입니다. 오스트리아 빈 종합병원의 산부인과에서 일했던 그는 산파가 아이를 받는 병동보다 오히려 의사가 일하는 병동에서 산모의 사망률이 높다는 사실을 발견하고, 사체 해부를 하는 의사들이 손을 씻고 아기를 받는 것만으로도 사망률을 낮출 수 있다는 사실을 증명해냈습니다. 이는 현대의학이 과학적 논거에 의한 근거중심의학(evidence based medicine)으로 발전하는 데 큰 전기를 맞게 한 사건이었습니다.

이 책을 마주하고 제멜바이스가 떠오른 것은 저자 이토 고이치로가 보여주는 다양한 사례 속 '데이터 분석의 힘'이 결국 근거중심정책(evidence based policymaking), 근거중심경영으로의 진화를 가속화할 것임을 보여주기 때문입니다. 의학이 개인을 치유하는 중요한 일을 해낸다면, 정부 정책과 기업 경영은 개인의 집단인 사회의 공리 증진이라는 큰 대의를 위해 나아가야 합니다. 이때 '근거중심'으로의 진화는 순리와 같습니다. 비록 제멜바이스는 당시 동료들의 냉대 속에 정신병원에서 삶을 마감하는 아이러니한 최후를 맞이하였지만, 우리는 그러한 전철을 밟지 않을 것입니다. 이미 우리는 데이터 분석에 기반한 사고, 데이터라는 근거에 기반한 의사결정 없이 현재를 살아갈 수 없기 때문입니다. 변화의 시대를 사는 독자들께 이 책의 일독을 권합니다.

송길영 | 바이브컴퍼니 부사장

미래를 예측하기 어려울 만큼 급변하는 시대, 정보와 데이터의 홍수 속에서 데이터를 분석·해석하는 능력이 어느 때보다 중요한 시대가 되었다. 그러나 데이터는 해석하기에 따라 사실을 왜곡할 수도 있고 정책을 잘못된 방향으로 이끌 수도 있다. 스스로 데이터의 의미를 이해하고 분석하는 힘을 기르는 것은 새로운 '언어'를 추가로 장착하는 것만큼 강력한 동력이 된다. 다채로운 사례들을 통해 통계학적 지식이

나 복잡한 수식 없이도 일반 독자들이 쉽게 이해할 수 있도록 쓴 저자의 노력이 돋보이는 책이다.

박종훈 | KBS 경제전문기자

많은 이들이 계속해서 강조했던, '데이터 분석 자체와 익숙해지고 친해져야 하는 이유'에 대한 시원한 답을 주는 책이다. 이 책에 사례로 등장하는, 오바마 대선 캠페인에서 활용된 구글의 RCT 방법론은 최근 많은 글로벌 브랜드가 구글과 함께 캠페인 성과 측정의 기준으로 활용하고 있다. 이처럼 정치, 경제, 사회 전반의 다양한 이슈들이 데이터 분석을 통해 문제 해결이 가능해졌다. 이 책은 그 방법론에 있어 주의해야 할 부분도 명확히 알려준다. 기업의 마케팅과 경영 기획, 전략 부서에 종사하는 모든 분이 일독하면 좋겠다. 당장 내일부터 업무를 조금 다르게 접근해보게 될 것이다. 빅데이터 시대의 실용적 인사이트란 이런 책을 두고 하는 말이 아닐까. 적극 추천한다!

조용민 | 구글 비즈 솔루션 매니저

이 책은 시카고대학 조교수로 환경에너지 정책의 정책평가에서 국제적인 업적을 세우고 있는 이토 고이치로의 통계적 인과분석에 관한 최고의 계몽서임과 동시에, 그 자신의 최신 연구 성과를 소개하고 있다는 의미에서 연구서로서의 측면도 갖고 있다. 뛰어난 문장으로 매우 알기 쉽게 설명하고 있어 배경 지식 없이도 누구든 무리 없이 이해할 수 있다.

제39회 산토리 학예상(정치·경제 부문) 심사평 중에서

제일선에서 활약하는 젊은 경제학자가 계량경제학의 기법에 대해 알기 쉽게 해설한 책으로, 최신 기법을 경제와 사회현상에 폭넓게 적용하여 일반 독자들도 어렵지 않게 접근할 수 있다.

제60회 닛케이경제도서문화상 심사평 중에서

빅데이터 시대를 준비하는
가장 유용한 책을 만나다

이학배

연세대학교 응용통계학과 교수

2016년 3월 16일, 인공지능과 인간의 대결로 세간의 이목이 집중된 바둑프로그램 '알파고'와 이세돌 9단과의 대결이 있었다. 그리고 다들 알다시피 데이터로 무장한 알파고가 인간을 이겼다. 이 '사건'은 빅데이터 자체가 아니라 머신러닝(machine learning, 인간의 학습 능력을 컴퓨터에서 실현하는 인공지능의 한 연구 분야) 등을 통한 '데이터 분석의 힘'을 보여주는 압도적 사례였다. 구글뿐이 아니다. 글로벌 기업인 GE, 아마존, IBM 등의 기업들은 이미 빅데이터를 기반으로 수익 모델을 만들어 왔다.

연일 매스컴에서는 빅데이터, 인공지능, 블록체인, 4차 산업혁명 등 다가올 미래의 핵심적인 키워드들, 변화의 키를 쥔 주제들에 대한 보도가 넘쳐나고 있다. 누군가에게는 비즈니스의 기회가 될 것이며, 또 누군가에게는 위기의 징후가 될 것이다. 분명한 사실은 역사는 언제나 준비된 사람들의 것이었다는 점이다. 이 책의 저자가 설명하고 있듯이, 온갖 데이터로 넘쳐나는 '빅데이터 시대'로의 진행은 먼 미래의 상상이 아닌, 현재 진행형의 변화이다. 그럼 어떻게 준비하고 대응해야 할까?

앞서 언급한 것처럼, 불과 얼마 전까지 소설에나 등장했던 '빅데이터'는 현실이 되었다. 변화의 파도는 거세게 몰아치는데 이에 대응하는 기업과 정부, 우리 개개인의 준비는 녹록지 않다. 이미 굵직한 정부기관과 민간 기업에서 임직원을 위한 '빅데이터 시대를 준비하는 방법' 등에 대한 강연 요청이 많다. 개인도 다양한 방법으로 빅데이터에 대해 공부한다. 그만큼 민간과 정부의 위기감이 높다는 의미이기도 하다. 분명 이러한 시대로의 변화는 국가나 사회 뿐아니라 개인의 삶에도 지대한 영향을 미칠 것이다.

통계학을 전공하고 반평생 가깝게 수와 데이터의 분석과 적용이라는 과제 속에서 살아온 내게 이 책의 등장은 반갑고도 부러운 일이었다. 감수자로서 나는 이 책《데이터 분석의 힘》이 작년 일본에서 출간되어 아마존 재팬 경제 분야 1위에 올랐다는 설명을 듣고, 빅데이터 시대를 능동적으로 준비하는 일본 출판계의 분위기가 부러웠다. 한편으로는 이런 친절한 입문서가 왜 이제야 나온 것일까, 우리 학계가 먼저 시도했어야 하는 일이 아닐까 아쉬움이 들었던 것도 사실이다. 과연 우리나라에서도 '데이터 분석'에 대한 서적이 주목을 받을 수 있을까? 국내에선 가장 먼저 번역 원고를 읽고 함께 기다린 입장에서 나는 이 책이 국내 독자들에게 얼마나 주목받을지 내심 궁금하다.

이 책은 경제학 또는 통계학 전문 지식이 없는 일반 독자가 빅데이터 시대의 데이터 분석 기법을 이해하고 준비하는 데 상당히 도움을 받을 수 있다. 빅데이터에 대한 일반적인 인식은, 컴퓨터 프로그램을 통해서 엄청난 정보를 추출하여 과거에는 경험하지 못한 새로운 정보를 얻는 기회가 될 것이라는 막연한 상상과 기대에 머물러 있다. 그러나 시카고대학에서 계량경제학과 실증 데이터 분석을 가르치는 저자 이토 고이치로는 이 책에서, 실제 참여한 정부기관의 정책과 기업의 의사결정 사례를 중심으로 데이터 분석이 어떻게 현실에서 구현하고 기업, 정부 및 사회에 긍정적으로 반영되어왔는지를 생생하게 설명하고 있어 깊이가 남다르다.

복잡하고 어려운 수식 없이도 데이터 분석 기법을 이해하게 하는 이 놀라운 입문서는 빅데이터 시대를 준비하는 개념적 이해와 성찰을 일깨워 주는 책이기도 하다. 내가 이 책을 기존의 학술서들과 차별화하고 '완전히 새로운 데이터 분석 입문서'의 등장이라 호

평하는 까닭은 테크닉의 차원에서 설명하는 것이 아니라 빅데이터 시대를 준비하는 개념을 명확히 하고 그 의의를 깨닫게 하는 책이기 때문일 것이다.

이미 언급한 것처럼, 앞서가는 기업들의 비즈니스 수익 모델을 창출하는 일에 '데이터 분석 기법'이 깊숙이 관여하고 있다. 그리고 비즈니스 모델의 변화는 기업의 일자리 구조를 필연적으로 변화시킬 것이다. 게다가 저자 이토 고이치로가 프롤로그에서 비유한 초밥 장인의 예처럼, 앞으로의 시대에는 최종 소비자가 구매하는 마지막 단계에서 가장 큰 부가가치가 생성될 것이다. 그 단계를 판가름하는 것은 초밥 재료가 아니라 장인의 고유한 힘, 즉 빅데이터 자체가 아니라 그 데이터를 분석하고 이해하는 힘이다. 빅데이터 환경으로 인한 변화, 그 혁명적 미래를 대비하기 위한 이 책을 내가 모든 독자들에게 강력하게 추천하는 것도 바로 이 때문이다.

빅데이터를 필수 환경으로 요구하는 4차 산업혁명은 이제 테크닉의 범주를 넘어서 산업 환경의 근본적인 변화를 예고하고 있다. 이것은 정부와 국회, 기업과 개인이 함께 준비해야 할 과제임을 우리에게 시사한다. 이 책《데이터 분석의 힘》이 이 모든 변화의 과정에서 유용한 참고서가 될 것이라 확신한다.

이 책《데이터 분석의 힘》을 한국에서 출간하게 되어 무척 기쁘게 생각합니다. 이 책은 제가 미국 시카고대학교 대학원생들에게 가르치고 있는 수업 내용을 이해하기 쉽게 해설하여 고등학생도 거뜬히 읽을 수 있는 입문서로 집필한 것입니다. '수식을 사용하지 않는 데이터 분석 입문서'라는 쉽지 않았던 시도의 결과물입니다. 이 책은 일본에서 출간되자마자 많은 직장인과 학생들에게 예상을 뛰어넘는 호응을 얻은 덕분에 베스트셀러가 되어 널리 읽힐 수 있었습니다.

예전에는 일본과 마찬가지로 한국에서도 데이터 분석이 전문가들만 다루는 분야였으나, 지금은 많은 직장인과 학생들이 업무와 학업에서 다양하게 활용하고 있다고 들었습니다. 앞으로도 그러한 추세는 계속될 것입니다. 전 세계적으로 데이터 분석의 중요성은 한층 더 커지리라고 생각합니다. 이 책이 유용한 입문서로서 많은 분들에게 도움이 되기를 바랍니다. 감사합니다.

시카고에서
이토 고이치로

여기 데이터가 있습니다.
분석할 줄 아십니까?

일상에서 데이터 분석이 필요해졌다

빅데이터로 상징되는 정보기술의 발전과 통신 혁명이 눈앞에 펼쳐지고 있다. 우리의 일상생활이나 비즈니스에 대한 다양한 정보가 매 순간 데이터로 기록된다. 이는 개인과 기업, 정부가 비교적 쉽게 대량의 데이터를 손에 넣을 수 있게 되었음을 의미한다. 이런 현상은 우리 삶에 어떤 변화를 일으킬까? 전문직 종사자뿐 아니라 다양한 분야의 직장인에게 수없이 만들어지는 데이터를 이해하고 활용할 줄 아는 힘, 즉 데이터 분석력이 필요해졌다고 할 것이다.

"다음 분기에 매출 증가를 위해 어떤 광고 전략을 써야 할지 알고 싶군요. 과거 광고의 매출 데이터를 분석해서 광고가 매출에 미치는 영향을 조사해주세요."

어느 기업의 영업부나 마케팅부에서 흔히 들을 수 있는 대화다. 인사부에서도 이런 대화가 오간다.

"사원들의 업무 효율을 높일 방법이 궁금하군요. 사원이 회사 내에서 근무한 시간과 외근에 사용한 시간 그리고 영업 실적을 보면 노동시간이 영업 실적에 미친 영향을 알 수 있지 않을까요?"

이런 변화가 찾아온 곳은 기업만이 아니다. 관공서나 학교 등 비영리기관에서 근무하는 사람들도 이전보다 훨씬 많은 데이터를 접하게 되면서 직접 데이터를 분석하거나 누군가의 데이터 분석 결과를 이용할 일이 많아졌다.

일본의 관공서에서는 이런 말을 흔히 들을 수 있다.

"작년에 실시한 보조금 정책이 어느 정도 효과가 있었는지 분석해서 재무성에 보고해야 합니다. 다음주까지 보조금을 받은 기업의 데이터를 분석해주세요."

마찬가지로 학교 같은 교육 현장에서도 수업 평가 등이 중요해지면서 이런 말을 쉽게 듣게 될 것이다.

"어떤 교재가 가장 효과가 있었는지 알아봐야겠어요. 학생들의 이해도 데이터를 모아 분석해봅시다."

문과와 이과 가릴 것 없이 필요한 분석 능력

10여 년 전만 해도 데이터 분석은 수학과 관련 있는 이과 쪽의 전문 분야로 여겨졌다. 하지만 이제 데이터 분석력은 이과든 문과든 상관없이 다양한 직업 종사자에게 필수적인 능력이 되었다. 앞서 살펴본 사례만으로도 과학자나 기술자만 데이터 분석을 활용하는 것이 아니라는 사실을 알 수 있다. 앞으로는 인문계 교육을 받은 사람이 데이터를 분석해야 하는 상황이 더욱 늘어날 것이다.

또 자신이 데이터를 분석하지는 않더라도 누군가의 데이터 분석에 근거해 중요한 결정을 내려야 하는 상황도 늘어나고 있다. 그래서 자신이 분석의 당사자가 아닐 지라도 누군가의 데이터 분석 결과에 속지 않으려면 데이터 분석 결과를 판단할 줄 아는 힘을 길러야 한다.

이런 변화가 일어나고 있는데도 많은 사람이 '데이터 분석'이란 개념을 여전히 낯설어한다. 초등학교부터 고등학교까지 수학 등의 이과 과목을 배우기는 하지만 학교교육에서 데이터 분석이라는 사고방식을 배울 기회는 드물기 때문이다.

빅데이터가 모든 문제를 해결해준다는 주장도 있지만 데이터의 처리, 분석, 해석에는 인간의 판단이 중요한 역할을 한다. 요즘 IT업계에서도 단순히 빅데이터만이 아니라 빅데이터를 읽어내는 분석력(analytics)이 중요하다는 인식이 확산되고 있다. 데이터 양이 늘어도 근본적인 해결책은 되지 않으므로 이 책에 소개된 인과관계를 판단하는 방법을 활용하여 스스로 데이터를 가려내는 힘을 갖추어야 한다.

재료가 같아도 장인의 초밥이 맛있는 까닭

데이터 분석에는 초밥 장인과 같은 마음가짐이 필요하다. 맛있는 초밥을 만들려면 세 가지가 필요하다고 한다. 첫 번째는 훌륭한 재료를 준비하는 일이고 두 번째는 그 재료의 감칠맛을 살릴 칼솜씨를 갖추는 일이다. 아무리 훌륭한 재료라도 적절한 각도로 잘라내는 기술이 없으면 감칠맛이 나지 않는다고 한다. 마지막 세 번째는 눈앞의 손님이 바라는 맛이나 요리를 제공하는 것이다. 필자가 사는 미국에는 재료가 좋은 초밥집은 있어도 재료의 감칠맛을 살리는 칼솜씨를 갖춘 장인이나 일본인의 기호에 맞는 맛을 제공하는 장인은 많지 않다.

데이터 분석에 대해서도 똑같은 이야기를 할 수 있다. 정보통신 혁명에 의해 많은 사람이 비교적 쉽게 좋은 데이터(재료)를 손에 넣게 되었다. 정말 멋진 일이다. 하지만 데이터를 어떤 각도로 자를지를 결정하는 감각이나 사고법을 익히지 않으면 애써 구한 재료를 살릴 수가 없게 된다. 또 아무리 멋지게 데이터를 분석했더라도 이런 질문에 답을 주지 못한다면 잔뜩 모은 데이터는 보기에는 좋아도 아무 쓸모 없는, 그야말로 빛 좋은 개살구가 되어버린다.

그렇다면 데이터 분석을 위해서는 어떤 사고법과 기술이 필요할까? 무엇보다 '일반인이 쉽게 이해할 수 있는 입문서가 있다면 유용하지 않을까' 하는 생각에서 이 책을 쓰게 되었다.

인과관계를 판별하는 것은 결정적인 능력

이 책에서 소개하는 데이터 분석법은 '광고가 매출에 영향을 미쳤는가?', '어떤 정책이 정말로 긍정적인 효과를 냈는가?'와 같은 인과관계를 설명하는데 초점을 맞추게 될 것이다. 비즈니스나 정책 등의 다양한 실무 현장에서는 인과관계 분석이 매우 중요하기 때문이다.

미국의 오바마(Barack Obama) 전 대통령은 2008년 선거전에서 광고 전략의 인과관계를 제대로 읽었기 때문에 약 6000만 달러의 선거 후원금을 추가로 모을 수 있었다. 구글은 웹사이트의 문자 색과 조회 수의 인과관계를 분석함으로써 이익을 늘렸다. 차량 공유 서비스인 우버(Uber)는 가격과 소비자 행동의 인과관계를 알아냄으로써 택시 운전자의 수와 이용자의 수를 최적화할 방법을 도입했다.

이처럼 요즘은 인과관계 분석에 따라 비즈니스 전략을 세우는 것이 기업의 일상적인 업무가 되어가고 있다.

그런데 인과관계 분석이 중요한 이유는 이를 통해 효과가 좋으리라고 생각했던 정책이 예측하지 못했던 결과를 가져왔거나, 거꾸로 효과가 작으리라 생각했던 정책이 실제로는 큰 효과를 가져왔다는 사실이 밝혀졌기 때문이다. 실제로 일본 정부가 자동차 연비를 개선하기 위해 실시했던 환경 정책은 인과관계 분석을 통해 자동차의 무게만 증가시켰다는 것이 밝혀졌다. 미국 정부가 경기 부양책으로 실시했던 에코 카 정책은 예산만 날렸을 뿐, 경제를 살리는 데는 그다지 도움이 되지 못했다. 또 청소년에 대한 범죄 예방 교육은 범죄를 억제하는 효과만이 아니라 학업 성적을 향상시키는 뜻밖의 정책 효과를 보였다.

앞으로 이와 같은 데이터 분석 사례를 차차 소개할 것이다. 이 책을 읽는다면 다양하고 구체적인 사례를 통해 데이터 분석에서 인과관계 분석이 중요하지만 어려운 이유, 그리고 그 어려움을 극복할 방법을 알 수 있을 것이다.

데이터 분석의 재미를 느낄 수 있다면

이 책은 구체적인 사례와 인포그래픽을 통해 데이터 분석법 가운데 가장 기본적인 '인과관계 분석'에 대해 설명한다. 물론 전문적인 데이터 분석가가 되려면 통계학에 대한 깊은 지식이 있어야 하고 통계 소프트웨어를 능숙하게 다룰 줄 알아야 한다. 하지만 데이터 분석 입문편에서는 수식보다는 직관적인 사고법으로 이해하는 것이 더 중요하지 않을까 생각한다. 이것이 데이터 분석의 실무와 교육에 종사해온 필자가 내린 결론이다.

그래서 통계학이나 계량경제학을 전혀 알지 못하거나 공부했지만 별로 쓸모가 없었던 사람도 데이터 분석에 접근하는 입문서로서 이 책을 펼쳐주었으면 한다. 독자들이 이 책을 읽고 나서 '데이터 분석이 이렇게 재미있구나. 데이터 분석이 이렇게 유용하다면 좀 더 깊이 공부하고 싶다'는 생각이 들게 하는 것이 궁극적인 목적이다.

1장에서는 데이터에서 인과관계, 즉 원인과 결과를 이끌어내기 어려운 이유를 설명한다. 앞서 언급한 영업부와 마케팅부, 인사부 사례, 관공서와 학교 사례에서 데이터 분석의 궁극적인 목적은 인과관계, 즉 '어떤 일(X)이 결과(Y)에 어떤 영향을 미쳤는가?'를 밝혀내는 것이었다. 마케팅부 사례에서는 '광고(X)가 매출(Y)에 어떤 영향을 미쳤는가?'가 문제였고 학교 사례에서는 '교재(X)가 학생의 이해도(Y)에 어떤 영향을 미쳤는가?'가 문제였다. 1장에서는 이렇게 간단해 보이는 문제들이 실제로는 결론 짓기 어려운 이유를 직관적으로 설명한다.

2장에서는 인과관계 분석 방법 중 가장 확실한 방법을 소개한다. 이 방법은 의학이나 경제학 등 학술 분야에서는 RCT(Randomized Controlled Trial, 무작위비교시행)라고 불리며 비즈니스 분야에서는 AB 테스트라고 불린다. 의학 분야에서는 오래 전에 도입되었지만 경제학이나 비즈니스 분야에서는 최근에야 많이 쓰이기 시작한 최신 기법이다. 여기에서도 수식을 사용하지 않고 직관적인 설명을 시도한다.

나중에 알게 되겠지만 인과관계 분석에 가장 좋은 방법인 RCT는 다양한 이유로 실행이 어렵다. RCT가 불가능할 때는 어떻게 인과관계를 도출할 수 있을까? 최근 경제학계에서는 이 문제의 답을 얻기 위한 연구를 활발하게 진행 중이다. 그중 자연스럽게 만들어진, 실험실과 유사한 상황을 활용하는 '자연실험(Natural Experiment)' 기법이 널리 쓰이고 있다. 3장, 4장, 5장에서는 RCT가 불가능할 경우 어떤 자연실험 기법을 쓸 수 있을지 살펴본다.

3장에서는 RD디자인(Regression Discontinuity Design, 회귀불연속설계법)을 다룬다. 이것은 각종 '경계선'을 활용하여 실험 없이도 마치 실험을 실시한 듯한 상태를 찾아내 인과관계를 도출하는 방법이다. 여기서 경계선이란 지리적인 경계선이나 기업이 설정한 가격 변곡점, 정부의 연금 수급 연령 등을 말한다. 경계선 개념의 폭은 매우 넓다. 그 때문에 이 방법을 데이터 분석에 이용할 기회는 예상보다 훨씬 많다.

4장에서는 최근 경제학 연구에 도입된 집군분석(Bunching Analysis)에 대해 살펴볼 것이다. 세상에는 누진세, 급료 체계, 정부 규제, 기업의 가격 설정 방식 등 임금이나 가격이 계단식으로 변화하는 경우가 많다. 이런 계단식 변화를 영리하게 이용함으로써 RCT 실험을 대체할 수 있다.

5장에서는 여러 기간에 걸쳐 데이터를 입수할 수 있을 경우 사용되는 패널 데이터 분석(Panel Data Method)을 소개한다. 이를테면 광고비, 매출, 노동시간, 학업 성적 등은 매월이나 매년 등 여러 기간에 걸쳐 모을 수 있는 데이터를 활용하는 방법이다. 또 이런 데이터는 한 개인이나 기업뿐만 아니라 여러 개인과 기업을 대상으로도 수집할 수 있다. 5장에서는 여러 기간 동안 여러 대상에 대해 존재하는 데이터를 활용하여 인과관계를 분석하는 방법을 설명한다.

그런데 지금까지 소개한 데이터 분석법을 실제 활용하려면 어떻게 해야 할까? 6장에서는 구체적인 사례를 통해 데이터 분석을 비즈니스 전략이나 정책 형성에 활용할 방법을 생각해본다. 입문서이기 때문에 6장까지는 어려운 내용을 생략했다. 이 책에 소개하는 방법론은 학술적으로도 최신이고 실무적으로도 매우 유용하다. 하지만 어떤 방법론에도 약점과 결점이 있음을 잊지 말아야 한다.

7장에서는 데이터 분석의 불완전성과 한계에 대해 설명한다.

마지막으로 2장부터 5장까지 소개된 방법을 이용할 수 없는 경우에는 어떻게 데이터를 분석해야 할까? 경제학계에서는 그런 상황에서도 활용할 수 있는 기법(변수변형법, 매칭추정법, 합성대조군법, 이산선택추정법, 구조추정법 등)이 계속 개발되고 있다. 안타깝게도 이런 기법들은 수식의 도움 없이는 명료하게 설명되지 못하므로 이 책에는 싣지 않았다. 대신 에필로그 뒤에 '더 알고 싶은 독자를 위한 참고도서'를 실었으니 참고하기 바란다.

이 책은 필자가 2014년 10월부터 보스턴에서 활동하는 일본인 연구자들의 모임에서 강연한 자료를 바탕으로, 시카고대학에서 강의하고 연구한 내용을 덧붙인 것이다. 말하자면 경제학의 실증 분석 분야를 구체적인 방법론과 사례에 초점을 맞추어 일반 독자들에게 설명한 것이다.

경제학이라고 하면 경제 변화를 예측하고 설명하는 경제이론을 떠올리는 사람이 많다. 하지만 최근 경제학계에서는 이론적으로 예측한 현상이 실제로 일어나고 있는지를 데이터로 확인하는 실증 분석도 활발하게 연구되고 있다. 독자들이 이 책에서 다루는 데이터 분석의 구체적인 사례를 살펴봄으로써 '경제학이나 경제이론이 데이터 분석과 연결되니 정말 재미있구나'라고 느낀다면 저자로서 기쁠 따름이다.

차례

| 감수 및 추천의 말 |
빅데이터 시대를 준비하는 가장 유용한 책을 만나다 _ 이학배
006

| 한국어판 서문 |
010

| 프롤로그 |
여기 데이터가 있습니다. 분석할 줄 아십니까?
011

| CHAPTER 1 |

정말 광고가 아이스크림 매출을 올렸을까
: 데이터의 상관관계는 인과관계가 아니다

025

어느 회사에서 광고를 집행했고, 매출이 올랐다. 매출이 상승한 원인은 광고 때문일까? 그럴 수도 있고 아닐 수도 있다. 광고와 매출 사이에 '상관관계'는 있다 해도 '인과관계'가 반드시 있는 것은 아니라는 말이다. 그동안 당신이 속아왔던 무수한 '잘못된 데이터 분석'은 모두 이 지점에서 시작된다.

| CHAPTER 2 |

오바마 캠프는 어떻게 후원금을 '더' 모았을까

: 최선의 데이터 분석법, RCT

047

2008년 미국 오바마 대선 캠프는 구글 출신의 데이터 분석 전문가를 영입했다. 그는 후원금 모금 웹페이지를 무려 24개의 조합으로 설계했다. 그 결과 약 6000만 달러의 후원금을 '추가로' 획득했다. 가장 투명하고 가장 확실한 데이터 분석법, RCT(무작위비교시행). 최적의 전략을 이끌어내는 방법이다. 단, 비용이 많이 든다!

| CHAPTER 3 |

70세가 되자 병원을 많이 가기 시작했다

: 급격한 변화의 '경계선'을 찾는 RD디자인

101

장수하는 노인이 많은 일본에서는 70세를 전후로 의료서비스 이용이 급격히 점프한다. 69세와 70세 사이에 무슨 '경계'가 있는 것일까. 본인이 부담하는 의료비 비율이 70세부터 10%로 줄어드는 게 이유일까? 그게 이유라는 걸 어떻게 입증할 수 있을까? 급격한 변화의 '경계선'이 있는 데이터 분석법이 RD디자인(회귀불연속설계법)이다.

| CHAPTER 4 |

규제 때문에 자동차가 무거워졌다고?
: 계단식 변화가 있는 곳엔 집군분석
129

각종 규제나 세금을 적용할 때는 일정 구간을 묶는 '계단식' 정책이나 제도들이 많다. 이렇게 구간 별로 나뉘는 데이터들은 어떻게 분석해야 할까. 특히 '인센티브 제도'가 이렇게 설계되어 있을 때 는 어떤 현상이 벌어질까. 자동차 무게와 연비 규제의 사례를 통해, 집군분석을 알아보자.

| CHAPTER 5 |

세금을 내리면 이민자가 늘어날까
: 시간의 흐름에 따른 패널 데이터 분석
153

1991년 덴마크는 우수한 외국인 노동자를 유입시키기 위해 세제 개혁을 실시했다. 이로 인해 연 소득 1억 이상의 외국인 노동자의 소득세가 대폭 줄어들게 되었다. 이민자 수는 늘어났을까? 과 연 세제 개혁 때문일까? 패널 데이터 분석은 바로 복수의 집단, 복수의 기간에 대한 데이터를 분 석하기에 적합하다.

| CHAPTER 6 |

구글은 41가지의 파란색을 고민했다
: 데이터는 어떻게 전략이 되는가
173

실리콘밸리는 그 어떤 곳보다 데이터 분석이 활발한 지역이다. 구글, 우버, 페이스북 등 많은 IT기업들이 엄청난 빅데이터를 확보하고 이를 비즈니스 모델에 활용하면서 무한한 시장과 만났다. 비단 기업만의 일이 아니다. 전 세계적으로 정부도 민간처럼 데이터를 활용해 효과적인 정책 입안을 하기 시작했다. 데이터가 막강한 전략으로 탈바꿈하고 있다.

| CHAPTER 7 |

그럼에도 데이터 분석은 불완전하다
: 불량 분석을 피하기 위한 방법
205

데이터를 분석하는 과정은 초밥 장인이 초밥을 만드는 과정과 닮았다. 솜씨 좋은 장인이 초밥을 만들더라도 재료가 형편없으면 먹을 수 없는 초밥이듯이, 데이터 자체에 문제가 있다면 분석 기법이 탁월해도 신뢰할 만한 결론을 도출해낼 수 없다. 이 밖에 외적 타당성 확보 문제나 출판 편향의 한계 등 '잘못된 재료'를 선택하지 않을 수 있는 방법은 무엇일까.

| 에필로그 |
224
| 더 알고 싶은 이들을 위한 참고도서 |
227
| 부록 |
232
| 참고문헌 |
240

정말 광고가 아이스크림 매출을 올렸을까

: 데이터의 상관관계는 인과관계가 아니다

데이터에서
인과관계를 이끌어내기란
무척 어려운 일이다.
왜일까?
이 장에서는 이 질문에 대해
세 가지 사례를 들어 설명한다.
첫 번째는 기업에서 일하는 사람의 관점에서
생각한 마케팅 전략 사례다.
두 번째는 공공기관에서 일하는 사람의 관점에서
생각한 정책 형성 사례다.
세 번째는 교육기관 종사자의 관점에서
생각한 구체적 사례다.
자, 한번 시작해보자.

광고를 했더니 아이스크림 매출이 올랐다?

당신이 아이스크림 회사의 마케팅부에 소속되어 있다고 하자. 현재 회사에서는 매출을 높이기 위해 웹사이트에 광고를 띄우려고 한다. 당신은 상사로부터 광고를 집행하면 매출이 얼마나 오를지 데이터를 분석하라는 지시를 받았다. 이를 위해 과거의 데이터를 살펴본 당신은 다음과 같은 사실을 알게 되었다.

2010년 회사가 아이스크림 광고를 인터넷에 띄웠다. 그랬더니 광고를 하지 않았던 2009년에 비해 매출이 40퍼센트 늘었다. 그런 움직임을 그래프로 나타낸 것이 [표 1-1]이다. 이 그래프에서는 광고의 영향으로 매출이 오른 것처럼 보인다. 그래서 당신은 상사에게 다음과 같이 보고했다.

"분석 결과, 광고 덕분에 2010년 매출이 2009년에 비해 40퍼센트 상승했습니다."

하지만 이 결론은 틀렸을 수도 있다. 왜 그럴까? 여기서 문제는 당신의 데이터 분석에서 다음과 같은 인과관계(causal relationship 혹은 causality라고 한다)를 이끌어낼 수 있느냐는 것이다.

광고를 냈다 → 광고의 영향으로 매출이 40퍼센트 올랐다

표 1-1

광고와 아이스크림 매출 상승의 관계

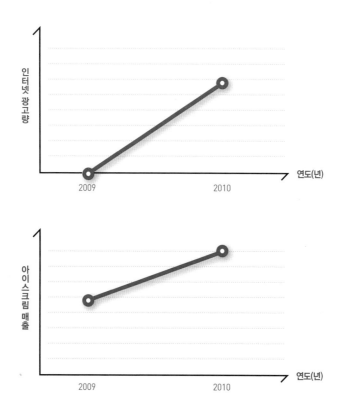

2010년 광고량이 늘어난 것과 같은 시기에 아이스크림 매출도 상승했다. 과연 이 사실만으로 '광고가 아이스크림 매출 상승으로 이어졌다'라는 인과관계를 주장할 수 있을까?

예를 들어 2010년 여름 날씨가 2009년 여름보다 훨씬 무더웠다면 어떨까? 실제로 일본의 경우 2009년 여름은 평년보다 서늘했고 2010년 여름은 혹독하게 더웠다. 그렇다면 40퍼센트의 매출 상승은 광고의 영향이 아니라 단순히 기온이 높았던 탓은 아니었을까?

그밖에도 다양한 이유를 생각할 수 있다. 이를테면 일본에서는 2008년 세계 금융위기 이후 소비가 얼어붙었다가 2010년 즈음부터 조금씩 회복세를 보이기 시작했다. 그렇다면 40퍼센트의 매출 상승은 광고의 효과가 아니라 단순히 전체적인 경기가 좋아지면서 소비자들의 씀씀이가 늘어난 탓은 아니었을까?

전기 요금이 올라서 절전이 늘었다?

두 번째로는 정부의 정책을 사례로 살펴보자. 당신은 공무원으로 내년 여름의 절전 대책을 구상하고 있다. 당신은 전기 요금을 올릴 경우 얼마나 절전 효과가 나타날지 상사에게 보고해야 한다. 그래서 당신은 과거의 전력 가격과 전력 소비량의 데이터를 모았다. 그 결과 다음과 같은 사실을 알 수 있었다.

예를 들어 일본 어느 지역의 전기 요금이 전력 1단위당 20엔(2008년)에서 25엔(2012년)으로 올랐다고 하자. 2012년의 전력 소비량은 2008년에 비해 5kWh 줄었다(kWh는 킬로와트시로 전력 소비량의 단위다. 일본의 보통 가정은 여름에 20kWh 정도의 전기를 사용한다). 그래서 당신은 상사에게 다음과 같이 보고했다.

"[표 1-2]에서 알 수 있듯이 전력 가격이 5엔 상승하자 소비량은 5kWh 줄었습니다. 그러므로 전력 가격을 인상하면 절전 효과가 크리라 기대됩니다."

하지만 이 결론은 틀렸을 수도 있다. 왜 그럴까? 2012년 여름은 비교적 서늘했기 때문에 에어컨 이용이 줄었을 수도 있다. 혹은 2011년에 일어난 동일본대지진으로 소비자의 절전 의식이 높아졌을지도 모른다. 그러면 아이스크림 사례와 마찬가지로 데이터 분석으로는 '전력 가격의 변화가 전력 소비량을 변화시켰다'는 인과관계를 확인할 수 없게 된다.

해외 유학을 다녀오면 취직하기 쉬워진다?

이번에는 교육의 사례를 통해 데이터 분석의 문제점을 살펴보자. 이런 기사가 신문에 실렸다.

한 대학의 조사 결과 유학을 다녀온 학생이 그렇지 않은 학생보다 취업률이

표 1-2

전력 가격과 전력 소비량의 관계

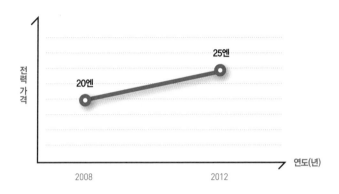

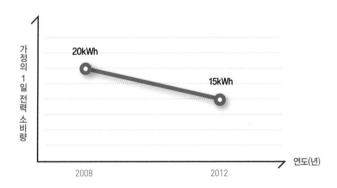

2012년 전력 가격이 상승한 것과 같은 시기에 전력 소비량이 줄어들었다. 과연 이 사실에서 '전력 가격 상승이 절전을 촉진했다'라는 인과관계를 주장할 수 있을까?

높다는 사실이 밝혀졌다. 대학은 이런 데이터 분석 결과를 기초로 유학 경험이 취업률을 높인다고 보고했다.

위의 기사에서 유학을 다녀온 학생이 그렇지 않은 학생보다 취업률이 높다는 내용은 데이터를 그대로 분석한 결과일 것이다. 그러나 그 결과에서 다음과 같은 인과관계를 이끌어낼 수 있을까?

> 유학을 다녀온다 → 취업률이 오른다

유학 경험이 있는 학생 A와 유학 경험이 없는 학생 B가 있다고 하자. 문제는 유학 외에도 A와 B가 여러 면에서 다를 가능성이 높다는 점이다. 예를 들어, A는 유학을 다녀올 수 있을 만큼 부유한 가정에서 자랐을지도 모른다. 또는 유학 장학금을 받을 만큼 원래 성적이 좋았을 수도 있다. 애초에 유학을 가고 싶다는 강한 의지와 호기심이 있었을 가능성도 있다.

이렇게 유학을 다녀왔다는 점 외에 여러 차이가 있었다면 A와 B의 취업률에 영향을 미친 것은 유학이었을 수도 있고 그밖에 다른 요인이었을 수도 있다.

다른 요인이 영향을 미쳤을 가능성이 있다

지금까지 살펴본 세 가지 사례의 공통점은 '어느 요인(X)이 결과 (Y)에 영향을 미쳤다'는 인과관계가 주장되고 있다는 점이다. 첫 번째 사례에서는 광고(X)가 아이스크림 매출(Y)에 영향을 미쳤다는 인과관계가 주장되었고 마지막 사례에서는 유학 경험(X)이 취업(Y)에 영향을 미쳤다는 인과관계가 주장되었다.

하지만 'X가 Y에 영향을 미쳤다'는 인과관계를 입증하기 어려운 몇 가지 이유가 있다. 우선 Y가 변화한 것은 X 이외의 다른 요인 때문일 수도 있다. 데이터 분석자는 X가 Y에 영향을 미쳤다고 주장했다. 하지만 세상은 실험실처럼 단순하지 않다. X가 벌어진 것과 같은 시기에 여러 가지(X나 Y가 아닌 다른 요인을 V라고 부르자) 일이 일어날 수 있다.

아이스크림 사례의 경우 광고(X)를 내보낸 것과 같은 시기에 기온 상승이나 경기 호황이라는 V가 발생했을 가능성이 있다. 해외 유학 사례의 경우 유학(X)뿐만 아니라 학업 성적, 부모의 재력, 해외에 대한 관심도라는 V가 Y에 영향을 미쳤을 가능성이 있다. 그렇다면 [표 1-1]이나 [표 1-2]처럼 X와 Y의 데이터가 같은 시기에 움직이는 것처럼 보일 때도 X가 Y에 직접 영향을 미친 것이 아니라 V가 X

와 Y 양쪽에 영향을 미쳤을 가능성이 있다.

인과관계가 반대일 가능성이 있다

때로는 Y가 X에 영향을 주는 역(逆)인과관계(reverse causality)의 가능성도 부정할 수 없다.

예를 들면 아이스크림 사례에는 다음과 같은 가능성이 있다.

> 2010년 이른 더위로 아이스크림 매출이 오르자 회사는 매출액 상승분으로 인터넷 광고를 시작해보았다.

이때는 X→Y가 아니라 Y→X라는 인과관계가 성립하는 것이다.

인과관계는 상관관계와 다르다

[표 1-1]이나 [표 1-2]처럼 두 가지 데이터가 서로 유기적으로 움

직일 경우 통계학에서는 '상관관계가 있다'고 표현한다. 사실 데이터가 있다면 상관관계를 계산하기는 쉽다. 이를테면 [표 1-1]이나 [표 1-2]처럼 그래프를 그려서 두 데이터의 관련성을 조사할 수도 있고 엑셀 같은 소프트웨어로 상관관계 값을 간단히 계산할 수도 있다.

문제는 X와 Y의 상관관계가 밝혀져도 그것만으로는 인과관계가 있다고 말할 수 없다는 점이다. 상관관계와 인과관계가 다르다는 말에 다소 당황스러운 독자도 있을 것이다. 그런 사람을 위해 X와 Y에 상관관계가 있을 경우 어떤 가능성이 있는지 알아보았다(표 1-3).

① X가 Y에 영향을 주었을 가능성

② Y가 X에 영향을 주었을 가능성

③ V가 X와 Y 양쪽에 영향을 주었을 가능성

세 가지 가능성 모두 [표 1-1]이나 [표 1-2]의 데이터 움직임과 들어맞는다. 아이스크림 사례에서 [표 1-1]만으로는 다음 세 가지 가능성 중 어느 것이 진짜인지 판단할 수 없다.

① 광고(X)가 매출(Y)에 영향을 주었을 가능성

② 매출(Y)이 광고(X)에 영향을 주었을 가능성

③ 다른 요인(V)이 광고(X)와 매출(Y) 양쪽에 영향을 주었을 가능성

표 1-3

데이터 분석으로 인과관계를 입증하기 어려운 이유

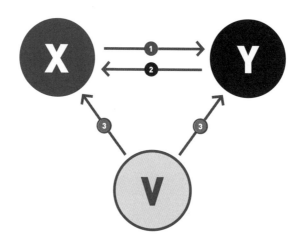

X와 Y의 움직임에 관련성이 있을 경우(즉 X와 Y에 상관관계가 있을 경우) 세 가지 가능성이 있다. 첫 번째는 X가 Y에 영향을 주었을 가능성(①), 두 번째는 Y가 X에 영향을 주었을 가능성(②), 세 번째는 V라는 제3의 요인이 X와 Y 양쪽에 영향을 주었을 가능성(③)이다. X와 Y의 상관관계를 조사한 것만으로는 세 가지 가능성 가운데 어느 것이 실제로 일어났는지 판단할 수 없다.

엉터리 데이터 분석이 넘쳐난다

이렇게 설명을 듣다 보면 데이터 분석으로 인과관계를 확인하는 것이 얼마나 어려운지 직관적으로 알아차릴 것이다. 하지만 뉴스나 신문에는 상관관계와 인과관계를 혼동한 수상한 분석 결과가 넘쳐난다. 더욱 문제는 수상쩍은 분석 결과에 근거한 단순한 상관관계가 마치 인과관계처럼 포장되어 시청자나 독자를 속이는 경우가 많다는 점이다.

다음은 필자가 읽은 신문기사에서 발췌한 것이다.

어느 기업에서는 사장이 바뀐 다음 해에 주가가 상승했다. 이것은 새로운 사장의 개혁이 이뤄낸 성과다.

└ 사장이 바뀐 것 말고도 주가가 상승한 다른 요인이 있을 수 있다.

정부가 수억 엔의 보조금을 교부한 후 각 지역의 소비가 증가했다. 이것은 보조금이 지역 경제를 활성화한 증거다.

└ 보조금 외에도 소비가 증가한 다른 요인이 있을 수 있다.

어느 학교가 새로운 교과과정을 도입했다. 그러자 학생의 이해도와 성적이 전년도에 비해 향상되었다. 이것은 새로운 교과과정이 과거의 교과과정보다 우수하다는 의미다.

└ 교과과정 도입 외에도 성적에 영향을 미칠 만한 다른 변화가 있었을 수 있다.

데이터 분석 결과 아파트 고층에 사는 여성의 불임률이 높다는 사실이 밝혀졌
다. 그러므로 아이를 낳고 싶은 여성은 아파트 고층에 살지 않는 것이 좋다.

└ 아파트 고층에 사는 여성과 저층에 사는 여성은 소득, 연령, 직업 등 다양한
요인이 다를 가능성이 있다. 따라서 고층에 사는 것이 진짜 불임의 원인인지
는 분명하지 않다.

전력 시장을 자유화한 국가의 전력 가격은 그렇지 않은 국가에 비해 비싸다.
따라서 전력 시장을 자유화하면 전력 가격이 올라간다.

└ 전력 시장을 자유화한 국가와 그렇지 않은 국가는 다양한 요인이 다르므로
자유화 자체가 전력 가격에 영향을 주었는지는 분명하지 않다. 애초에 전력
가격이 높은 국가일수록 자유화에 주력한다는 역인과관계도 있을 수 있다.

이런 기사를 얼핏 보고 지나치면 모든 것을 인과관계로 파악하
기 쉽다. 그러나 조금만 생각해보면 'X가 Y에 영향을 미쳤다고 결론
지었지만 다른 요인 V도 영향을 미치지 않았을까?', '어쩌면 Y가 X에
영향을 미쳤을 수도 있지 않을까?' 하는 의문이 생긴다. 하지만 안타
깝게도 신문이나 텔레비전에 나오는 많은 주장이 상관관계를 인과
관계처럼 포장하고 있다.

왜 인과관계를 오인하면 문제가 될까

상관관계가 아니라 인과관계를 가려내는 것이 중요한 이유는 무엇일까? 앞서 언급한 두 가지 사례를 떠올려보자. 우선 아이스크림 사례의 경우 광고와 아이스크림 매출에 상관관계가 있다는 것은 [표 1-1]에도 나타난다. 그러나 이 분석을 바탕으로 '올해도 수천만 엔을 들여 광고를 하고 매출을 올리자!'라는 결정이 내려졌다면 어떨까?

앞서 설명했듯이 매출 상승이 광고의 영향이 아니라 기온이나 경제활동의 변화 때문이었다면 거액을 들여 광고를 한다고 해서 매출이 오를 리가 없다. 즉 수천만 엔을 아무 쓸모없는 데 지출한 셈이다.

마찬가지로 유학과 취업률의 상관관계를 바탕으로 '유학은 취업률을 올리므로 유학 보조금을 주는 정책'을 정부가 내놓았다고 하자. 그러나 취업률 상승이 유학이 아니라 다른 요인에 따른 영향이라면 어떻게 될까(외국 대학에서 일하는 나는 유학이 멋진 경험이 되리라 생각하므로 이것은 어디까지나 가설이다)? 국민의 세금을 투입한 보조금 정책이 근거부터 틀린 셈이다. 비즈니스 현장이든 정책 결정 과정이든 의사 결정의 열쇠가 되는 것은 인과관계이지 상관관계가 아니다.

불을 켜놓은 채 아이를 재우면 근시가 된다?

상관관계를 인과관계로 잘못 판단했던 두 가지 사례를 소개한다. 첫 번째는 1999년 펜실베이니아대학 연구팀이 〈네이처Nature〉지에 발표한 논문(Quinn et al., 1999)이다. 연구팀은 2세 이하의 아동을 대상으로 ①수면 중에 불이 켜져 있었는가, ②근시가 되었는가라는 데이터를 수집했다. 그 결과 수면 중에 불이 켜져 있었던 아이일수록 근시가 되는 비율이 높았다.

연구팀은 "연구 결과는 불을 켜고 자는 것과 아동 근시의 상관관계를 나타낼 뿐, 인과관계를 드러내지 않는다"고 논문에 밝혔지만 언론 매체는 "불을 켠 채 재우면 아이가 근시가 된다!"고 대대적으로 보도했다. 그 결과 수많은 부모가 이 인과관계를 믿게 되었다.

그 후 오하이오대학 연구팀은 이것이 단순한 상관관계임을 밝혀냈다. 그들의 연구에 따르면 ①부모가 근시일수록 아이가 자는 시간에 불을 켜놓는 일이 많고 ②부모가 근시일수록 아이가 '유전적으로 근시가 되기 쉽다'는 것이었다. 즉 [표 1-3]으로 설명하면 수면 중에 불을 켜놓은 것(X)이 아이를 근시로 만든 것(Y)이 아니라 부모가 근시인 것(V)이 수면 중에 불을 켜놓은 것(X)과 아이의 근시(Y) 양쪽에 영향을 미쳤을 뿐이었다.

두 번째 사례는 여러 나라의 정책에 실제로 영향을 미쳤다.

2005년 무렵부터 매사추세츠공과대학의 니컬러스 네그로폰테(Nicholas Negroponte)는 '한 명의 어린이에게 한 대의 노트북을(One Laptop per Child, OLP)!'이라는 프로그램을 시작했다. 프로그램의 목적은 전 세계 어린이들, 특히 개발도상국가의 어린이들에게 노트북을 무상으로 지급하여 교육의 질을 높이는 것이었다.

처음에는 많은 국가와 국제기구, 기업의 협찬으로 거액의 자금이 투입되어 노트북이 지급되었다. 예를 들어 페루에서는 200억 엔의 돈이 이 정책에 투입되었다. 당시에는 노트북을 받은 아이들이 다른 아이들보다 성적이 좋았기 때문에(즉 노트북 지급과 성적 사이에 상관관계가 있었기 때문에) '노트북을 무상으로 지급하면 성적과 사고력이 향상된다'는 믿음이 퍼졌다.

그러나 2009년 미주개발은행(IDB)이 페루에서 무작위비교시행(2장에서 설명한다)을 실시한 결과 OLP 프로그램은 어린이의 성적에 거의 영향을 미치지 않았다. 그 후 많은 국가가 이 프로그램에서 손을 떼기 시작했다.

잠복변수 V를 모두 찾을 수 있을까?

상관관계와 인과관계를 구분하는 전통적인 방법이 있다. '잠복

변수 V(분석에서 놓치거나 고려하지 않은 변수, 원서에서는 V데이터라 표기했으나 학계에서 통용되는 잠복변수lurking variable V로 번역함—옮긴이)'를 최대한 모은 다음 통계분석에 의해 V의 영향을 배제하는 것이다. 문제는 아무리 많은 잠복변수 V를 모아도 다른 요인이 영향을 미쳤을 가능성을 완전히 배제하지 못한다는 점이다.

또 잠복변수 V 중에는 도저히 데이터가 입수되지 않는 것도 있다. 아이스크림 사례의 경우 기온이나 경제활동의 변화는 데이터로 수집될지 모른다. 하지만 소비자의 기호 변화, 인터넷 광고의 조회 수 증가 등 잠복변수 V의 후보는 계속 나오고 그중에는 데이터로 존재하지 않는 것도 많다. 전력 가격의 사례 역시 기온 같은 데이터는 모을 수 있지만 절전 의식의 변화 같은 요인은 데이터로 존재하지 않을 가능성이 높다. 마찬가지로 유학과 취업률 사례에서는 부모의 수입이나 학생의 성적 같은 데이터는 수집할 수 있어도 학생의 해외에 대한 관심도, 의욕, 잠재력 같은 요인은 관측하기 매우 어렵다.

경제학을 비롯한 사회과학 분야에서는 잠복변수 V를 최대한 모아 그 영향을 배제하는 통계분석 기법이 오랫동안 개발되어왔다. 그러나 1980년 무렵부터 이런 기법의 한계가 지적되기 시작했다. 현재는 인과관계를 밝혀내기 위해 잠복변수 V의 데이터를 되도록 많이 모으는 것이 좋지만 거기에는 한계가 있다고 보고 있다.

문제는 데이터 수가 아니라 '편향'이다

앞서 말했듯이 빅데이터로 상징되는 정보통신기술의 발달로 이 전보다 많은 데이터를 모을 수 있게 되었다. 예를 들어 기업이 설문 조사를 실시할 때 예전에는 수백 명의 데이터를 모으는 데만도 많은 비용이 들었다. 그러나 지금은 인터넷 조사 등을 활용하면 수만 개의 데이터도 쉽게 확보할 수 있다. 이렇게 데이터 수가 늘어나면 지금까지 논의했던 문제점을 해결할 수 있지 않을까?

그러나 안타깝게도 빅데이터는 지금까지 설명한 인과관계의 문제를 근본적으로 해결해주지 않는다. 지금까지 설명한 인과관계의 문제는 통계학 용어로 '편향(bias)'이라고 불린다. 영어 '바이어스(bias)'를 직역하면 '분석으로 얻은 추정치의 치우침'이라는 뜻이다. 이것은 무엇을 가리키는 것일까?

편향을 이해하기 위해 앞서 예로 들었던 노트북 무상 지급(X)과 학업 성적(Y) 사이의 인과관계를 생각해보자. 일단 적절한 방법으로 인과관계를 측정할 수 없을 경우 X와 Y의 인과관계는 0이라고 가정하자. 즉 노트북 무상 지급이 성적에 미친 효과는 0이라는 이야기다.

다음으로 잘못된 방법으로 인과관계를 분석했을 때를 생각해보자. 이를테면 노트북을 갖고 싶다고 손을 들었던 학생에게만 노트북을 무상으로 지급하고는 노트북을 받지 않은 학생과 성적을 비교하는 것이다. 즉 다른 요인인 학습 의욕(V)이 노트북 지급(X)과 성적(Y)에 영향을 미쳤는데도 이를 무시하고 인과관계를 분석한 경우다. 그렇게 해서 '노트북 무상 지급은 학업 성적을 20퍼센트 향상시킨다'는 결과가 나왔다고 하자. 다시 말해 잘못된 분석 방법 탓에 0퍼센트가 20퍼센트로 나와버린 것이다. 0퍼센트와 20퍼센트의 차이를 잘못된 데이터 분석에서 도출된 오차, 즉 '편향'이라 부른다.

그러면 데이터 관측수(통계학에서는 N으로 표시할 때가 많다)를 100명이 아니라 수만 명으로 늘리면 편향 문제는 해결될까? 예를 들면 학생 100명의 데이터가 아니라 수만 명의 데이터를 입수하면 편향 문제는 해결되는 것일까?

통상적으로 데이터 관측수가 늘어나면 장점이 많다. 그러나 안타깝게도 데이터 관측수가 아무리 늘어나도 편향 문제는 해결되지 않는다는 사실이 수학적으로 증명되었다(관심 있는 사람을 위해 부록에 증명을 수록했다). 그래서 빅데이터가 모든 것을 해결해준다는 주장은 적어도 인과관계 분석에는 들어맞지 않는다.

이런 말을 들으면 '데이터에서 인과관계를 이끌어내는 것은 정말 어려운 일이구나. 애초에 해결책 따위는 없는 게 아닐까?'라는 생각이 들지도 모른다. 오늘 날 전 세계 경제학자들이 이 문제의 해결에 몰두하고 있다.

다음 장부터는 해결책으로 제시된 다양한 방법을 소개한다. 우선 인과관계를 찾는 가장 좋은 방법인 무작위비교시행(RCT)에 대해 알아보자.

━━━━■ S U M M A R Y ■━━━━

■ 데이터 분석의 목적은 대개 '어떤 요인(X)이 결과(Y)에 영향을 미쳤는
  가?', 즉 'X→Y의 인과관계가 성립하는가'를 확인하는 것이다.

⋯⋯⋯⋯⋯⋯⋯⋯⋯⋯⋯⋯⋯⋯⋯⋯⋯⋯⋯⋯⋯⋯⋯⋯⋯⋯⋯⋯⋯⋯⋯⋯⋯⋯⋯⋯

■ 인과관계는 상관관계와는 다르다. 상관관계는 X와 Y가 서로 관계가
  있음을 의미할 뿐이다.

⋯⋯⋯⋯⋯⋯⋯⋯⋯⋯⋯⋯⋯⋯⋯⋯⋯⋯⋯⋯⋯⋯⋯⋯⋯⋯⋯⋯⋯⋯⋯⋯⋯⋯⋯⋯

■ 그러나 인과관계와 상관관계는 혼동될 때가 매우 많다.

⋯⋯⋯⋯⋯⋯⋯⋯⋯⋯⋯⋯⋯⋯⋯⋯⋯⋯⋯⋯⋯⋯⋯⋯⋯⋯⋯⋯⋯⋯⋯⋯⋯⋯⋯⋯

■ 비즈니스 현장이나 정책 형성 과정에서 인과관계를 잘못 파악하면 판
  단 오류로 이어져 큰 손실이나 세금 낭비를 초래하게 된다.

⋯⋯⋯⋯⋯⋯⋯⋯⋯⋯⋯⋯⋯⋯⋯⋯⋯⋯⋯⋯⋯⋯⋯⋯⋯⋯⋯⋯⋯⋯⋯⋯⋯⋯⋯⋯

■ 인과관계는 데이터 관측수를 늘리는 것만으로는 파악되지 않는다.

⋯⋯⋯⋯⋯⋯⋯⋯⋯⋯⋯⋯⋯⋯⋯⋯⋯⋯⋯⋯⋯⋯⋯⋯⋯⋯⋯⋯⋯⋯⋯⋯⋯⋯⋯⋯

■ 다음 장부터는 인과관계를 파악하는 방법을 소개한다.

2

오바마 캠프는 어떻게
후원금을 '더' 모았을까

: 최선의 데이터 분석법, RCT

앞 장에서는
데이터 분석으로 인과관계를 찾아내기가
매우 어렵다는 이야기를 했다.
그러면 어떻게 이 문제를 해결할 수 있을까?
이 장에서는 우선 인과관계가 무엇인지를
알아보고 나서
인과관계를 측정하는
가장 좋은 데이터 분석 방법인
RCT(무작위비교시행)를 소개한다.

인과관계는 어떻게 정의할까?

하버드대학의 도널드 루빈(Donald Rubin)은 인과관계를 이론적으로 정리한 사람이다. 여기서는 루빈이 제안한 '잠재적 결과를 이용한 인과관계분석(potential outcome approach)'을 바탕으로 인과관계에 대해 직관적으로 설명할 것이다(Rubin, 1974).

구체적인 설명을 위해 앞 장에서 다룬 '전력 가격을 올리면 절전으로 이어지는가?'라는 문제를 다시 살펴보자. 여기서 우리가 알고 싶은 인과관계는 가격 인상(X)이 소비량(Y)에 어떤 영향을 미치는가다.

2012년 여름, 소비자 A가 계약한 전력 회사가 가격을 대폭 인상했다고 하자. 가격 인상 이후 A의 전력 소비량을 Y_1이라고 하자. 또 가격 인상이 없었을 경우 A가 소비했을 소비량을 Y_0이라고 하자. 루빈의 정의에 따르면 가격 인상(X)이 A의 소비량(Y)에 미친 영향(즉 X에서 Y로 이어지는 인과관계)은 Y_1과 Y_0의 차이인 '개입효과(treatment effect)'에 의해 정의할 수 있다(표 2-1).

$$개입효과 = Y_1 - Y_0$$

인과관계에 의한 효과를 지칭하는 '개입효과'는 의학계에서 유래한 말이다. 의료 현장에서는 약을 처방하거나 수술을 하는 등 다양한 '트리트먼트(treatment, 치료)'가 이루어진다. 그래서 '치료가 건강에 미치는 효과'라는 의미에서 '트리트먼트 효과'라는 개념이 만들어졌다. 얼마 전까지 일본에서는 이를 '치료효과'나 '처방효과'로 번역했지만 최근에는 의학 이외의 다양한 분야에서 '어떤 개입(X)이 결과(Y)에 미치는 효과'라는 의미로 쓰이고 있기 때문에 이 책에서는 '개입효과'로 옮기기로 한다. 예컨대 전력 가격을 바꾸는 것도 일

표 2-1

개입효과란?

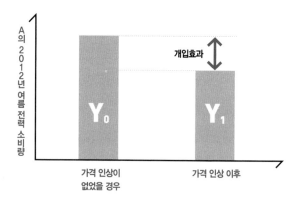

두 가지 데이터를 관측하는 것은 불가능하다 ⇒ 인과적 추론의 근본 문제

종의 개입이고 앞 장에 나온 매출 증대를 기대하며 집행하는 광고
도 일종의 개입이다.

'만약'이라는 데이터는 존재하지 않는다

개입효과를 활용해 인과관계를 정의하면 두 가지가 명확해진
다. 첫째, 인과관계는 'A가 개입을 받았을 때의 결과(Y_1)'와 '개입을
받지 않았을 때의 결과(Y_0)'의 차이로 정의해야 한다. 둘째, A의 데
이터로만 인과관계를 계산하는 것은 불가능하다. 2012년 여름 A는
가격 인상이라는 개입을 받았다. 덕분에 Y_1의 데이터가 관측 가능
해졌다. 그러나 개입을 받지 않았을 때의 결과(Y_0) 데이터는 존재하
지 않는다. 따라서 Y_1과 Y_0의 차이를 계산하는 것은 불가능하다. 반
대로 A가 실제로 개입을 받지 않았다면 어떨까? 이 경우에는 개입
을 받지 않았을 때의 결과(Y_0)는 관측할 수 있지만 개입을 받았을 때
의 결과(Y_1)는 관측할 수 없게 된다.

이렇게 관측이 불가능한 결과를 '실제로는 일어나지 않은 잠재
적 결과(counterfactual potential outcome)'라고 한다. 다시 말해 잠재
적으로는 존재할 수 있지만 실제로는 일어나지 않았으므로 현실에서
는 관측 불가능한 데이터라는 의미다. 사실에 반하는 결과라는 의

미로 '반사실(反事實)의 잠재적 결과' 혹은 '반실가상적(反實假想的) 사실'이라고 부르기도 한다. 한자어가 나열되어 다소 어려우므로 여기서는 '실제로는 일어나지 않은 잠재적 결과'로 쓰기로 한다.

특정 시기에 한 개인에게서는(이 사례에서는 2012년 여름 A의 전력 소비량 Y) Y_1이나 Y_0 중 하나만 관측할 수 있고 다른 하나는 관측할 수 없다. 그래서 한 개인의 데이터에서 Y_1과 Y_0의 차이를 계산해 인과관계를 측정하는 것은 근본적으로 불가능하다. 이것을 '인과적 추론의 근본 문제'라고 부른다(Holland, 1986).

1993년 일본 후지 TV에서 타모리가 진행을 맡고 이와이 슌지가 연출한 〈if 만약에〉라는 옴니버스 드라마가 방영되었다. 인생의 기로에서 A와 B 중 하나를 선택해야 하는 주인공. 드라마는 주인공이 A를 선택했을 때와 B를 선택했을 때를 각각 보여주었다. 선택에 따른 결과를 드라마로 그려냄으로써 관측할 수 없었을 잠재적 결과도 보여주는 흥미로운 콘셉트의 드라마였다.

그러나 현실은 TV 드라마가 아니다. 현실 세계에서는 A와 B 중 하나만 선택해야하고 그에 따른 결과밖에 존재하지 않는다. 그런 이유로 A나 B의 잠재적 결과만 데이터로 관측할 수 있어 인과적 추론의 근본 문제가 발생하고 만다.

그러면 관측 가능한 데이터로 인과관계를 분석하는 것은 애초에 불가능한 일일까? 지금부터 루빈이 제시한 해결책을 살펴보자.

해결책은 개입집단과 비교집단이라는 사고방식

　루빈은 한 사람에 대한 개입효과는 측정할 수 없지만 여러 사람에 대한 개입효과를 평균한 값인 '평균 개입효과(Average Treatment Effect, ATE)는 측정할 수 있다고 설명한다. 여기서 중요한 것은 개입집단(treatment group, 개입군)과 비교집단(control group, 비교군)을 나누는 것이다. 먼저 이 둘에 대해 알아보자.

　개입집단이란 문자 그대로 개입을 받는 집단을 가리킨다. 반대로 비교집단이란 개입을 받지 않는 집단을 가리킨다. 즉 비교집단이란 개입집단과 비교·대조되는 집단을 뜻한다. 통계학 교과서에는 대조집단(대조군)이나 통제집단(통제군)으로 나오기도 하지만 이 책에서는 쉽게 '비교집단'으로 쓰기로 한다.

　다시 전력 소비량 사례로 돌아가 보자. 이번에는 A만이 아니라 200명의 소비자가 있다고 가정해보자. 그중 100명은 개입집단에, 나머지 100명은 비교집단에 배정한다. 즉 2012년 여름, 100명의 소비자에게만 가격을 인상하고, 나머지 100명의 소비자에게는 가격을 인상하지 않는다.

　개입집단의 평균 소비량을 Y_T, 비교집단의 평균 소비량을 Y_C라고 하자. 가격이 인상된 것은 개입집단뿐이므로 Y_T와 Y_C의 차이를 보면 평균 개입효과를 측정할 수 있지 않을까? 이 방법으로 개입효과의 평균값을 측정하려면 다음과 같은 한 가지 가정이 필요하다.

두 집단을 비교해 평균 개입효과를 측정하기 위한 가정
가격 인상이라는 개입(X)이 없을 경우 비교집단의 평균 소비량(Y_C)과 개입집단의 평균 소비량(Y_T)은 같다.

이 가정이 무슨 의미인지 [표 2-2]를 통해 살펴보자(수식을 이용한 설명은 부록에 실었다). 먼저 [표 2-2]의 ①을 보자. 여기서는 가격 인상이라는 개입이 일어나지 않았을 때를 가정하고 있다. 현실에서는 개입이 일어났으므로 이 상황은 실제로는 일어나지 않은 잠재적 결과가 된다.

평균 개입효과를 측정하기 위해서는 ①의 Y_C와 Y_T는 같다는 가정이 필요하다. 다시 말해 '개입이 없을 경우 개입집단과 비교집단의 평균 소비량이 같다'는 가정이다.

이 가정이 성립한다면 [표 2-2]의 ②도 성립한다. [표 2-2]의 ②는 가격 인상이라는 개입(X)이 발생했을 때의 실제 데이터다. 개입집단은 개입을 받고 비교집단은 개입을 받지 않았다. 이 두 집단의 평균 소비량의 차이를 살펴봄으로써 평균 개입효과를 측정할 수 있

평균 개입효과를 측정하기 위한 가정

①가격 인상이라는 개입이 없었을 경우

(실제로는 일어나지 않은 잠재적 결과에 관한 가정)

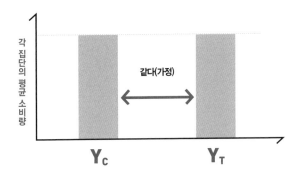

②가격 인상이라는 개입이 있었을 경우(관측 가능한 실제 데이터)

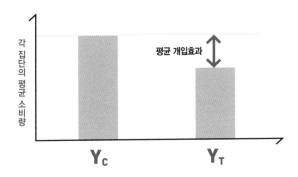

Y_C : 비교집단의 평균 소비량, Y_T : 개입집단의 평균 소비량

다. [표 2-2]의 ①의 가정이 성립한다면, ②에 나타난 평균 소비량의 차이는 가격 인상 이외의 요인으로는 설명할 수 없기 때문이다.

그러면 이 가정의 성립 여부를 입증할 수는 있을까? 안타깝게도 통상적으로는 입증이 불가능하다. 개입집단은 실제로 가격 변화를 경험하므로 가격 변화가 없었을 때의 소비량 데이터는 존재하지 않기 때문이다. 그래서 대개는 이 가정이 성립한다는 것을 입증할 수 없다. 단, 나중에 설명하는 무작위비교시행(RCT)으로 개입집단과 비교집단을 나누었을 때는 예외다. 그렇다면 RCT를 이용하지 않고 집단을 나누었을 경우 왜 이 가정이 무너질 가능성이 높은지를 알아보자.

집단 나누기의 나쁜 예:
희망에 따라 개입하다

우선 집단을 나누는 나쁜 예부터 생각해보자. '전력 가격이 인상된 상황을 꼭 경험하고 싶다'는 소비자만 개입집단에 배정하고 나머지 소비자는 비교집단에 배정했다면 어떨까? 이 경우 두 집단은 다양한 점에서 근본적으로 다를 가능성이 높다.

예를 들어 전자의 소비자는 절전 의욕이 애초에 매우 높을지도 모른다. 또 두 집단 사이에는 소득, 사용하는 가전제품, 집의 넓이 등에서 차이가 있을 수도 있다. 이런 요인은 전력 소비량에 영향을 미칠 가능성이 높기 때문에 '가격 인상이라는 개입이 없다면 두 집단의 평균 전력 소비량은 같아진다'는 가정이 무너지게 된다.

그런 문제점을 알고도 희망에 따라 집단을 나누었다고 하자. 개입이 이루어진 2012년 여름의 데이터를 보니 개입집단의 소비량이 비교집단에 비해 낮았다. 이런 결과를 근거로 '가격 인상이 전기 소비량을 줄였다'는 인과관계가 성립한다고 단정할 수 있을까.

아마 그럴 수 없을 것이다. 설령 두 집단 사이에 소비량의 차이가 있다고 해도 그것이 정말 가격 요인 때문이었는지, 아니면 다른 요인 때문이었는지를 식별할 수 없기 때문이다. 소득, 가전제품, 집의 넓이, 절전 의욕 등 다른 요인(V)이 소비량(Y)에 영향을 주었을 가능성을 떨쳐낼 수가 없다.

이처럼 개인이 자신의 의지로 개입을 받아들이느냐 마느냐를 판단하는 것을 '자기 선택(self-selection)'이라고 부른다. 자기 선택에 의해 형성된 개입집단과 비교집단은 다양한 면에서 매우 다른 특성을 지녔을 가능성이 높다. 때에 따라 소득이나 집의 넓이 같은 요인은 데이터로 수집할 수 있을지 모른다. 하지만 자기 선택으로 집단이 형성되면 절전 의욕 같은 관측할 수 없는 요인에도 차이가 있을 가능성이 높다. 즉 겉보기에는 두 집단이 비슷해도 관측할 수 없는

요인에서 크게 차이가 나는 사람들이 각 집단에 포함되었을 가능성
이 높다. 만약 그런 요인이 전력 소비량에 영향을 주었다면 앞서 이
야기한 가정이 무너지기 때문에 개입효과를 식별할 수 없게 된다.

이렇게 자기 선택에 따라 집단을 나누는 것에는 문제가 있지만
비즈니스의 세계나 정책 분석의 세계에서는 자기 선택에 따라 집단
을 나누는 경우가 많다. 이를테면 할인 쿠폰을 받은 소비자와 받지
않은 소비자의 소비행동을 비교하고, 보조금을 받은 세대와 받지
않은 세대를 비교하는 식이다. 하지만 개입집단과 비교집단을 나눌
경우 앞서 설명한 가정이 지켜지지 않는다면 인과관계를 측정할 수
없다는 사실을 잊지 말아야 한다.

가장 좋은 해결법은 무작위비교시행(RCT)

그러면 어떻게 해야 [표 2-2]의 ①에서처럼 '전력 가격 인상이라
는 개입이 없으면 두 집단의 평균 전력 소비량은 같아진다'는 가정이
성립될 수 있을까? 이 문제에 대한 가장 좋은 해결법은 '무작위비교
시행'이다. 랜덤화비교시험, 무작위대조시험 등 다양한 용어로 번역
되지만 여기서는 국제적으로 사용되는 RCT라는 명칭을 쓰기로 한
다. A와 B 집단을 비교한다는 의미에서 AB테스트(A/B testing)라고 부

르기도 한다.

[표 2-3]은 RCT를 설명한 것이다. 핵심은 소비자를 집단으로 나눌 때는 반드시 무작위로(random) 해야 한다는 것이다. 무작위란 임의로 집단을 나눈다는 뜻이다. 예를 들면 참가자에게 주사위를 굴리게 해서 짝수가 나온 사람은 개입집단, 홀수가 나온 사람은 비교집단에 들어가게 하는 것이다. 각 개인이 어느 집단에 들어갈지는 개인의 의사가 아니라 주사위에 의해 무작위로 정해진다는 점이 중요하다. 이 방법대로 하면 어떤 사람은 우연히 개입집단에 배정되고 어떤 사람은 우연히 비교집단에 배정되게 된다.

왜 무작위로 집단을 나누는 것이 중요할까?

왜 무작위로 집단을 나누는 것이 중요할까? 예를 들어 200명의 소비자를 무작위로 나눈다고 하자. 200명이 똑같이 나뉠 필요는 없지만 임의로 개입집단에 100명, 비교집단에 100명이 배정되었다고 하자.

무작위로 집단을 나눌 경우 어느 정도의 표본수가 확보되면 두 집단은 통계적으로 동질의 집단이 된다. 예를 들어 각 집단이 소유한 에어컨을 생각해보자. 만약 자기 선택에 따라 집단을 나누었다

표 2-3

무작위비교시행(RCT)

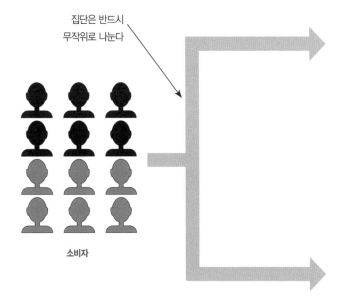

집단은 반드시
무작위로 나눈다

소비자

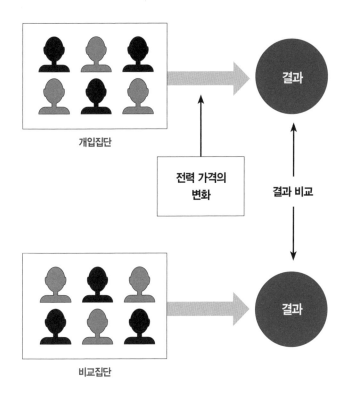

개입집단

전력 가격의
변화

결과 비교

결과

결과

비교집단

RCT에서는 개입집단과 비교집단을 무작위로 나눈다.

면 어떤 일이 일어날까? 전력 가격을 인상할지 말지를 소비자의 선택에 맡기면 '에어컨을 많이 소유한 소비자일수록 (가격이 인상되는) 개입을 받기 싫다'고 생각할 것이다. 따라서 개입집단이 비교집단보다 에어컨을 적게 소유했을 가능성이 높다. 즉 개입집단과 비교집단 사이에는 '개입을 받는다'는 것 외에도 '소유한 에어컨 대수'에서도 차이가 생긴다.

그러나 집단을 무작위로 나누는 경우 이런 일은 일어나지 않는다. 주사위를 굴려서 홀수가 나온 소비자는 개입집단에, 짝수가 나온 소비자는 비교집단에 배정함으로써 이론적으로는 '두 집단이 소유한 에어컨 대수는 동등해진다'(부록 참조).

따라서 집단이 무작위로 나뉘면 에어컨을 적게 소유한 소비자만 개입집단에 모이는 일은 벌어지지 않는다. 앞서 '이론적으로는'이라는 조건을 붙인 이유는 실제로 두 집단이 동질적인지를 관측하려면 어느 정도의 표본수가 확보되어야 하기 때문이다.

무작위로 집단을 나눌 경우 가장 큰 강점은 '에어컨 대수'라는 특정한 요인만이 아니라 온갖 요인에도 집단 간의 동질성이 확보된다는 점이다. 이를테면 두 집단은 소득, 집의 넓이, 가족 구성 같은 요인도 같아진다. 또 절전 의욕처럼 관측이 불가능한 요인도 동등해진다. 그렇기 때문에 무작위로 집단을 나눌 경우에는 '개입이 없었다면 비교집단의 평균적 결과(Y_C)와 개입집단의 평균적 결과(Y_T)가

같아진다'는 가정이 성립한다.

이제부터는 필자가 실시했던 RCT의 사례를 소개할 것이다. 아울러 '무작위로 집단을 나누면 개입집단과 비교집단이 동질적인 집단이 되고 에어컨 대수나 소득 등의 요인이 동등해진다'는 점도 실제 데이터로 보여줄 것이다.

사례1 | 기타큐슈시에서 실시한 전력 가격 현장 실험

RCT◆로 인과관계를 분석한 첫 번째 사례로 필자가 참여했던 일본 기타큐슈시의 전력 가격 현장 실험을 소개한다.

기타큐슈시에서는 경제산업성 자원에너지청 주도로 '차세대 에너지·사회 시스템 실증 사업'의 일부로 현장 실험이 실시되었다. 필자를 포함해 교토대학의 이다 다카노리(依田高典)와 정책연구대학원대학의 다나카 마코토(田中誠)가 실험을 설계했고 경제산업성 자원에너지청, 신에너지도입촉진협의회, 기타큐슈시, 철강기업 신일철

◆　RCT는 현장 실험(field experiment)과 실험실 실험(laboratory experiment)으로 나누어 설명하기도 한다. 현장 실험이란 기업 활동이나 소비자 활동이 이루어지는 실제 현장에서 실시하는 실험을 가리키고 실험실 실험이란 실험실에서 이루어지는 실험을 가리킨다. 이 책에서 소개하는 RCT는 모두 현장 실험에 속한다.

주금, 후지전기, IBM 등이 참여했다.(뒤에서도 설명하겠지만 현장 실험에 는 연구자와 각 기관의 협력이 필요하다. 이 실험은 관계 기관의 아낌없는 협력 덕 분에 성공한 사례다.)

여기서는 RCT의 실제 사례로서 실험 결과를 간단하게 설명한 다. 자세히 알고 싶다면 필자가 이다 및 다나카와 함께 쓴 2017년 논문을 참고하기 바란다(이다·다나카·이토, 2017).

그러면 기타큐슈시에서는 어떤 현장 실험이 실시되었을까? 지금 까지 예로 들었던 '전력 가격을 바꾸면 사람들이 절전을 할까?'라는 질문이 바로 기타큐슈시에서 RCT로 분석한 문제였다. 실험에는 기 타큐슈시의 일반 가정이 참여했다. 참가 가정은 무작위로 개입집단 과 비교집단으로 나뉘었다. 그리고 전력 공급이 수요를 따라가지 못 하는 몇 시간 동안 개입집단은 전력 가격을 올리는 개입을 받았다.

집단이 무작위로 나뉘었기 때문에 두 집단의 전력 소비량에 차 이가 생기면 전력 가격 인상(X)이 전력 소비량(Y)에 영향을 미쳤다 고 판단할 수 있었다.

무작위로 나누면 집단이 동등해진다

분석 결과를 보기 전에 무작위로 집단이 나뉘면 정말로 두 집단이 동등한 집단이 되는지 확인해보자.

[표 2-4]에는 비교집단에 배정된 가정과 개입집단에 배정된 가정에서 실험 전에 모은 다양한 데이터들이 나와 있다. 각각의 변수에 대한 각 집단의 평균값과 평균값의 차이도 표시되어 있다. 이런 표를 통계학에서는 기술통계(descriptive statistics, 확보한 데이터를 이해하기 쉬운 기본적인 통계 수치로 요약하는 기법―옮긴이)라고 부른다.

표를 보면 각각의 변수에 대해 두 집단 사이에는 평균적인 차이가 없다. 이를테면 하루 동안의 평균 전력 소비량은 양쪽 모두 약 14kWh다. 방의 수도 거의 같다. 에어컨, 냉장고, 텔레비전 등 가전제품의 소유 대수도 거의 같다. 게다가 전기와 직접 관련이 없는 소득이나 교육 수준 등도 거의 비슷했다.

앞서 설명했듯이 각 변수에 대해 두 집단의 평균값이 같아지는 것은 무작위로 개입집단과 비교집단을 나누었기 때문이다. 이 표가 보여주듯이 RCT를 실시할 때는 기술통계의 밸런스 체크(기술통계의 평균값이 개입집단과 비교집단 간에 비슷한 값을 보이고 있는지 확인하는 작업)를 해야 한다. 평균값에 큰 차이가 있다면 집단이 무작위로 적절하게 나뉘지 않았을 가능성이 있기 때문이다.

반대로 두 집단의 평균값이 비슷하다면 무작위 배정이 제대로 이루어졌다는 의미다. 엄밀히 말하면 데이터화할 수 없는 변수(이를테면 절전 의욕 등)에 대해서는 평균값을 비교하는 것이 불가능하다.

표 2-4

기타큐슈시에서 실시된 RCT 기술통계

	비교집단 평균값	개입집단 평균값	평균값 차의 검정	
			평균값 차	표준오차
실험 전의 전력 소비량(kWh/일)	14.13	13.86	0.27	0.54
방의 수	3.62	3.61	0.01	0.08
전용면적(㎡)	90.66	91.33	−0.67	2.02
에어컨 대수	2.25	2.46	−0.21	0.16
냉장고 대수	1.03	1.05	−0.02	0.04
텔레비전 대수	1.72	1.56	0.16	0.12
세탁기 대수	1.00	1.01	−0.01	0.02
건조기 대수	0.31	0.36	−0.05	0.07
식기세척기 대수	0.28	0.30	−0.02	0.07
열펌프 대수	0.18	0.21	−0.03	0.06
세대원 수	2.87	3.02	−0.15	0.16
세대주 평균 연령	32.98	31.55	1.43	2.07
소득계층(300만 엔 미만)	0.06	0.07	−0.01	0.04
소득계층(300만 엔 이상~500만 엔 미만)	0.26	0.25	0.02	0.07
소득계층(500만 엔 이상~1000만 엔 미만)	0.34	0.25	0.08	0.07
소득계층(1000만 엔 이상~1500만 엔 미만)	0.23	0.26	−0.03	0.07
소득계층(1500만 엔 이상)	0.08	0.14	−0.06	0.05

이 표는 이다·다나카·이토의 논문 (2017)을 바탕으로 작성했다. 이 표는 각각의 변수에 대해 비교집단에 배정된 세대와 개입집단에 배정된 세대의 평균값을 보여준다. 그리고 평균값의 차이와 표준오차도 보여준다.

그러나 무작위로 집단을 나누는 경우 이론상 두 집단 간에는 평균적인 차이가 생기지 않는다. 즉 두 집단이 '무작위로 나뉘었으므로 절전 의욕 같은 보이지 않는 변수도 평균적으로 같을 것'이라는 가정이 지켜진다(부록 참조).

[표 2-4]의 표준오차는 평균값의 차이를 통계적으로 검증해주는 값이다. 평균값의 차를 통계적으로 검증할 때는 값의 크기만 보는 것이 아니라 '평균값의 차는 통계적으로 0인가'도 테스트해야 한다. 그때 유용한 것이 표준오차다. 더욱 자세히 설명하는 것은 이 책의 수준을 뛰어넘기 때문에 생략한다. 하지만 이렇게 검증한 결과 각 변수에 대한 두 집단의 평균값은 통계적으로 차이가 없었다는 점을 밝힌다.

즉 집단을 무작위로 나눈 덕분에 개입집단과 비교집단은 모든 면에서 동등한 집단이 되었다. 이렇게 준비가 끝나면 개입집단에 대해서만 전기 가격을 인상한 다음 비교집단과 전기 사용량을 비교하게 된다.

실험 결과 | 전력 가격을 올리면 절전으로 이어질까?

이 실험에서는 개입집단이든 비교집단이든 모든 가정에 스마트 미터(30분마다 전력 소비량을 기록해주는 장치)가 설치된다. 각 가정은 [표 2-5] 같은 화면을 통해 현재의 전기 소비량과 전기 요금을 볼 수 있다.

중요한 것은 개입집단과 비교집단 모두 실내에 화면이 설치되었다는 점이다. 만약 개입집단에만 화면이 설치되었다면 두 집단 간에 차이가 생기면서 전력 가격 인상이 어떤 효과를 낳는지 검증할 수 없게 된다.

여기서는 2012년 여름의 실험 결과를 기초로 설명한다. 개입집단에 속한 가정은 전력 수요량이 공급량보다 많을 것으로 예측되는 평일에 다음과 같은 메시지를 받았다.

"오늘 13시부터 17시까지 전력 가격이 50엔으로 오릅니다."

평소 가격은 23엔이지만 공급이 수요를 감당하지 못할 것으로 예측되는 평일에는 가격이 50엔, 100엔, 150엔으로 올랐다. [표 2-6]은 그 결과다.

[표 2-6] 좌측 상단의 그래프는 실험이 시작되기 전인 6월, 개입집단과 비교집단의 평균 전력 소비량을 30분 단위로 나타내고 있다. 실험 전에는 두 집단 모두 가격이 같았다. 그래프를 보면 실험 전에는 두 집단의 평균 전력 소비량이 매우 비슷하게 움직이고 있다. 집단이 무작위로 나뉜 덕분이다.

그러면 실험이 시작되고 나서 피크 시간대(전력 소비가 많은 13시부

터 17시까지)에 개입집단의 전력 가격이 50엔, 100엔, 150엔으로 오르
면 소비행동에 어떤 변화가 나타날까?

먼저 [표 2-6] 좌측 하단의 그래프는 전력 가격이 50엔이었던 날
의 전력 소비량을 보여준다. 가격이 변하는 13시 이전에는 두 집단의
전력 소비량에 큰 차이가 없다. 그러나 가격이 오른 13시부터 17시

=== 표 2-5 ===

각 세대에 설치된 스마트 미터 화면

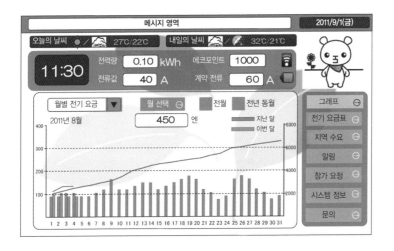

출처: 차세대에너지·사회 시스템 실증 사업에 사용된 후지전기의 실내 모니터

표 2-6

기타큐슈시에서 실시한 RCT 실험 결과

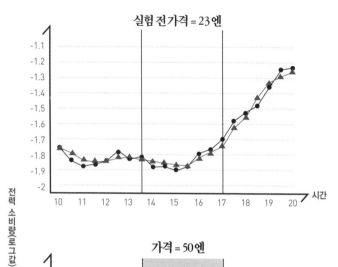

실험 전 가격 = 23엔

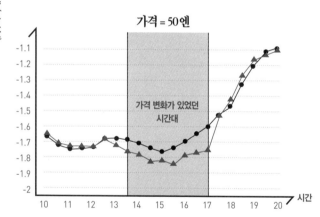

가격 = 50엔

출처: 이다·다나카·이토의 논문(2017)을 바탕으로 필자가 직접 작성

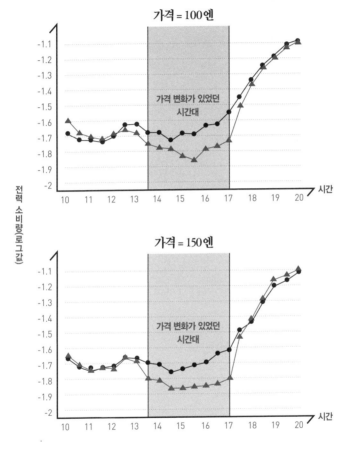

이 그래프는 비교집단과 개입집단의 평균 전력 소비량(로그값)을 실험 전과 실험 중에 30분 단위로 측정한 것이다.

까지는 개입집단의 소비량이 비교집단의 소비량에 비해 크게 줄었다. 이 차이가 바로 '평균 개입효과'다. 가격을 100엔, 150엔으로 올린 날에도 똑같은 일이 벌어진다. 피크 시간대에 개입집단의 평균 소비량은 비교집단에 비해 감소했다.

조금 전문적인 이야기이지만 세로축에 전력 소비량의 로그값을 표시한 데는 이유가 있다. 두 로그값의 차이가 크지 않을 때는 로그값의 차이가 퍼센트 변화와 거의 같게 나타난다. 예를 들어 전력 가격이 50엔이었을 때 개입집단은 비교집단에 비해 평균 전력 소비량을 약 9퍼센트 줄였다. 그래프에서 피크 시간대 두 집단의 전력 소비량의 로그 차는 약 0.09다. 이는 개입집단의 줄어든 소비량인 약 9퍼센트와 거의 같은 값이다.

또 가격이 150엔일 때 개입집단의 전력 소비량은 비교집단에 비해 약 15퍼센트 줄었다. 이는 [표 2-6] 우측 하단의 그래프에서 두 집단의 로그 차가 약 0.15라는 사실과 맞아떨어진다(단, 퍼센트의 변화치가 20퍼센트나 30퍼센트를 넘어서면 더 이상 로그 차와 비슷하게 움직이지 않는다).

RCT의 이점은 분석과 결과의 투명성

[표 2-6]에서 알 수 있듯이 RCT로 데이터를 분석하면 비교적 간

단한 통계분석 기법을 쓰기만 해도 주요 결과를 검증하거나 설명할 수 있다. 데이터를 분석할 때는 과정과 결과가 투명해서 분석자가 아닌 사람에게도 설득력이 있어야 한다. 통계적 기법 중에는 너무 복잡해서 분석자 이외의 다른 사람이 보기에는 투명성이 떨어지는 기법도 있다. 이에 비해 [표 2-6]은 개입집단과 비교집단의 평균 전력 소비량을 비교한 매우 간단한 통계분석을 보여준다. 즉 두 집단의 평균 소비량 차이를 통해 평균 개입효과를 시각적으로 보여주고 있다. 기업에서든 공공기관에서든 분석 결과의 투명성은 상대를 설득하는 힘이 되어준다.

기타큐슈시에서 실시되었던 RCT의 결과를 세 가지로 요약하면 다음과 같다. ①전력 가격 인상은 절전을 촉진한다는 인과관계가 나타났다. ②평소 23엔이던 요금을 50엔, 100엔, 150엔으로 올릴수록 가격 인상폭에 걸맞은 절전이 실천되었다. 이는 경제학의 소비자 이론과 들어맞는 결과였다. ③가격이 오를수록 그에 따르는 소비량은 줄어들었다. ◆

여기 소개한 RCT 사례에는 개입집단이 한 종류(가격 변동 집단)밖에 나오지 않는다. 그런데 개입집단은 하나여야만 할까? 사실 그런 제약은 없다. 실험자는 복수의 개입집단을 만들어 집단끼리 비교할

◆　실험 결과에 대해 더욱 자세히 알고 싶다면 필자가 이다·다나카와 함께 쓴 2017년 논문을 참고하기 바란다.

수도 있다.

그럼 미국의 오바마 전 대통령이 선거 즈음에 펼친 마케팅 전략을 통해 개입집단이 복수일 경우 RCT가 어떻게 활용되는지 살펴보자.

사례2 | 오바마 전 대통령의 대선 마케팅 전략

미국 대통령 선거는 얼마나 많은 지지자에게서 후원금을 모으느냐에 승패가 달려 있다고 해도 과언이 아니다. 그 때문에 각 후보 진영은 다양한 전략으로 후원금을 모은다. 2008년 대통령 선거에서 오바마 캠프는 구글에서 댄 시로커(Dan Siroker)를 영입해 후원금 모금을 맡겼다. 시로커는 구글에서 RCT를 이용한 데이터 분석으로 최적의 광고 전략을 짜왔다. 오바마는 시로커의 데이터 분석 능력과 구글의 RCT 노하우가 선거 전략에 도움이 되리라 생각했다.

시로커는 오바마 후보의 웹사이트 디자인에 공을 들임으로써 수많은 웹사이트 방문자들을 메일링리스트에 가입시켰다. 사람들이 자신의 메일 주소를 등록해주면 각종 메일을 보내 후원금을 효율적으로 모을 수 있다.

오바마 캠프는 웹사이트의 시작 페이지 시안을 여섯 개나 준비했다. [표 2-7]은 그중 네 개의 모습이다. 시안A는 오바마 후보가 지지자에게 둘러싸여 있는 사진, 시안B는 오바마 후보의 가족사진, 시안C는 오바마 후보의 얼굴 사진을 실었고 시안D는 오바마 후보의 유명한 연설 동영상이 재생되게 했다. 이외에도 두 가지 동영상이 더 준비되었으므로 화면 시안은 모두 여섯 개였다.

오바마 캠프는 시작 페이지에 표시되는 버튼(클릭하면 메일 주소를 적는 페이지로 이동한다)에도 특별한 장치가 필요하다고 생각했다. [표 2-8]에는 오바마 캠프가 생각했던 네 가지 메시지가 나온다. 각각 '등록하세요(Sign Up)', '지금 바로 등록하세요(Sign Up Now)', '더 알아보기(Learn More)', '지금 바로 가입하세요(Join Us Now)'라는 뜻이다. 여섯 개의 화면 시안과 네 개의 메시지 시안을 조합하면 모두 24개의 조합이 만들어진다.

그러면 어느 화면 시안과 메시지의 조합이 메일링리스트의 가입률을 높여줄까? 한번 맞혀보라. 오바마 캠프는 어느 조합이 가장 좋은지 논의를 거듭했다. 내부 논의와 투표 결과 시안A와 '등록하세요'의 조합이 가장 효과적일 것이라는 결론이 나왔다.

일반 기업의 의사결정이었다면 "논의 결과 시안A와 '등록하세요'의 조합이 가장 좋을 듯하다는 결론이 나왔으므로 이 안으로 가겠습니다" 하고 끝나기 마련이다. 그러나 구글에 재직하면서 실험을 적극적으로 도입했던 시로커는 AB테스트를 해보자고 제안했다. 앞서 이야기했듯이 AB테스트는 RCT를 지칭한다. 그렇다면 시로커는

표 2-7

오바마의 선거 캠프가 마련한 웹사이트 화면 시안

A

B

C

D

출처: 시로커가 운영하는 Optimizely(웹사이트 http://blog.optimizely.com/)

오바마 캠프는 어떻게 후원금을 더 모았을까
: 최선의 데이터 분석법, RCT

표 2-8

선거 캠프가 생각한 네 가지 메시지

출처: 시로커가 운영하는 Optimizely

어떤 식의 RCT를 실시했을까? 그는 [표 2-9]와 같은 RCT를 실시했다.

2007년 일정 기간 동안 약 31만 명이 오바마 후보의 웹사이트를 방문했다. 캠프는 그들 한 명 한 명에게 24개의 디자인 시안 중 무작위로 뽑힌 하나만 보이게 했다. 물론 여기서도 중요한 것은 '무작위'라는 부분이다. 무작위라는 말이 그다지 와닿지 않는다면 '제비뽑기'와 같은 것이라고 생각하면 이해가 쉬울 것이다. 웹사이트 방문자는 자신이 선호하는 특정한 디자인을 고르는 것이 아니라 24개

표 2-9

오바마 후보의 선거 캠프에서 실시한 RCT

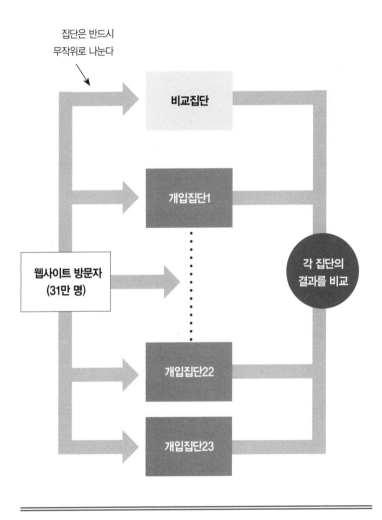

집단은 반드시
무작위로 나눈다

비교집단

개입집단1

웹사이트 방문자
(31만 명)

각 집단의
결과를 비교

개입집단22

개입집단23

의 디자인 가운데 '제비뽑기'로 뽑힌 하나의 디자인만 보게 된다. 31만 명이 24개 집단에 고르게 배정되어 각각의 집단에는 약 1만 3000명이 속하게 된다.

오바마 캠프는 '메일 주소 등록률'이 가장 높았던 디자인을 최적의 디자인으로 특정하고 이후 선거 운동에 사용했다.

이제부터는 이 사례를 통해 RCT의 원칙을 짚어보자.

원칙1 | 적절하게 집단을 나눈다

RCT를 실시할 때는 세 가지 원칙을 지켜야 한다. 첫째, 실험으로 해결하려는 문제의 답이 나오도록 집단을 적절하게 나눠야 한다.

우선 비교집단을 정의한다. 비교집단이란 비교의 대상이 되는 집단을 가리킨다. 앞서 소개한 기타큐슈시의 실험에서는 '전력 가격 인상을 경험하지 않은 집단'이 비교집단이었다. 여기서 개입효과는 전력 가격 인상이라는 개입을 받았던 집단과 받지 않았던 집단의 전력 소비량의 차이로 정의되었다. 오바마 캠프의 사례에서는 '오바마 캠프가 꼽은 최적의 웹사이트 디자인에 비해 다른 디자인들은 얼마나 효과적인가?'라는 것이 문제였기 때문에 시안A와 '등록하세요' 메시지의 조합을 비교집단으로 정했다.

다음으로 개입집단을 만든다. 오바마 캠프의 사례에서는 '시안A와 '등록하세요'의 조합 외에 23개의 조합이 있었으므로 비교집단 하나에 23개의 개입집단이 만들어졌다.

원칙2 | 집단은 반드시 무작위로 나눈다

다시 말하지만 RCT에서 가장 중요한 것은 '집단은 반드시 무작위로 나눈다'는 것이다. 왜 무작위로 집단을 나누는 것이 중요할까? 앞서 오바마 캠프가 집단을 무작위로 나누지 않았을 경우를 생각해보자. 여기에는 자신의 선택에 따라 집단을 나누는 방법만 있는 것이 아니다.

이를테면 거주 도시를 기준으로 집단을 나누면 어떨까? 시카고 사람에게는 시안A를 보여주고 뉴욕 사람에게는 시안B를 보여준다고 하자. 만약 시안A가 시안B보다 메일 주소 등록률이 높았다면 '시안A가 시안B보다 효과적이었다'고 결론 내릴 수 있을까?

앞 장의 내용을 떠올려보자. 두 집단은 서로 다른 디자인을 보았다는 점 말고도 다른 차이점(V)이 있을 수 있기 때문에 인과관계를 판단하기 어렵다. 예를 들어 다음과 같은 가능성을 생각해볼 수 있다.

오바마 캠프는 어떻게 후원금을 더 모았을까
: 최선의 데이터 분석법, RCT

오바마 후보의 지역 기반인 시카고에는 많은 지지자가 있다. 그러므로 A집단의 등록률이 높았던 것은 시안A 자체의 효과가 아니라 단순히 시카고 사람을 A집단에 배정한 탓일지도 모른다. 그러므로 집단을 무작위로 나누지 않았을 경우에는 1장과 똑같은 문제가 발생하면서 '진짜 요인이 무엇이었나?'라는 질문에 제대로 답하지 못하게 된다.

그러면 무작위로 집단을 나누면 어떨까? 다시 말하지만 무작위란 제비뽑기와 같다. 제비뽑기의 결과 모든 사람이 24분의 1의 확률로 어느 한 집단에 들어가게 된다. 그러면 어떻게 될까? 예를 들어 시카고 사람을 무작위로 배치한다고 하자. 그러면 시카고 사람은 24분의 1의 확률로 어느 한 집단에 들어가게 된다. 24개의 집단에 속한 시카고 주민의 수가 거의 같아지는 것이다. 따라서 시카고 주민은 오바마 후보를 지지할 가능성이 높더라도 그 영향은 A집단과 B집단에서 똑같아진다.

그렇다면 고소득자는 오바마 후보를 지지하지 않는 경향이 있다면 어떨까? 이것도 결론은 똑같다. 무작위로 집단을 나누면 전혀 문제되지 않는다. 고소득자이건 저소득자이건 24분의 1확률로 한 집단에 들어가게 된다. 따라서 고소득자는 오바마 후보를 지지하지 않는 경향이 있더라도 그 영향은 A집단과 B집단에서 똑같이 나타난다.

RCT의 강점은 시카고에 산다거나 소득이 높다는 변수뿐만 아니라 어떤 변수에 대해서든 이렇게 말할 수 있다는 점이다. 소득, 교육 수준, 거주 지역, 가족 구성 등 어떤 변수에 대해서든 각 집단이 모두 평균적으로 동등해진다. 그래서 집단 간의 실험 결과에 차이가 나타났다면(오바마 캠프의 경우에는 메일 주소 등록률에 차이가 나타났다면) 그 원인은 실험자의 개입이라고 단정 지을 수 있다.

원칙 3 | 집단별로 충분한 표본수를 채운다

RCT 실험을 설계할 경우 세 번째 원칙은 '각 집단에 충분한 표본수를 채워야 한다'는 것이다. 앞서 말했듯이 RCT로 얻은 결과를 검증하고 비교하기 위해 가장 흔히 쓰이는 통계분석은 개입효과의 평균값을 분석하는 것이다. 여기 필요한 계산은 다음 두 가지다.

① 실험 후 집단별로 평균값을 계산한다.
② 평균값의 차이를 비교한다.

기본적으로는 평균값과 뺄셈만으로 개입효과의 평균값을 계산할 수 있다. 단, 통계학을 공부하면 알게 되겠지만 표본수가 한정된 데이터로 평균값을 계산하면 오차가 발생한다.

예를 들어 오바마 캠프의 사례에서 A집단에 배정된 사람이 10명 뿐이었다고 하자. 그중 한 명이 우발적인 이유로 이메일을 등록했다. 우발적인 이유로 인해 평균 등록률이 10퍼센트나 오른 것이다.

실제 오바마 캠프의 실험에서는 A집단에 배정된 사람의 수가 약 1만 명이었다. 그중 누군가 우발적인 이유로 이메일을 등록한다면 평균값은 어떤 영향을 받을까? 여기에는 1만 명의 표본이 있기 때문에 평균 등록률은 (이 우발적인 이유에 의해) 0.01퍼센트밖에 오르지 않는다. 즉 표본수가 클수록 우발적인 이유(오차)에 의해 평균값이 크게 변화할 가능성이 줄어든다.

반대로 표본수가 적으면 우발적인 이유로 평균값이 크게 바뀌어버린다. 그래서 A집단과 B집단의 평균 등록률에 차이가 있더라도 그 차이가 우발적인 이유에 의한 것인지 또는 통계적으로 신뢰할 만한 차이인지 판단하기 어려워진다. 이것을 통계 용어로는 '통계적으로 의미 있는 차이라고 할 수 없는 상황'이라고 부른다. 이런 사실을 인식하지 않고 데이터를 보면 다음 두 가지 결과를 똑같다고 생각하게 된다.

- A집단과 B집단의 평균 등록률 차이는 5퍼센트였다. 참고로 각 집단에는 10명의 표본이 배정되었다.

- A집단과 B집단의 평균 등록률 차이는 5퍼센트였다. 참고로 각 집단에는 1만 명의 표본이 배정되었다.

수치는 5퍼센트로 똑같지만 후자의 5퍼센트가 훨씬 신뢰할 만한 숫자다. 통계학 용어로 말하자면 '표본수가 클수록 평균값 계산에 표준오차가 작아지고 평균값의 신뢰성이 커진다'.

이런 사실은 실제로 실험을 설계할 때 매우 중요하다. 하지만 RCT를 설계하는 사람들은 이것을 소홀히 여기곤 한다. 우선 실험자에게는 되도록 다양한 개입을 시도해보고 싶다는 욕구가 있기 때문이다. 하지만 전체 표본수가 한정되어 있다면 개입집단의 수를 늘릴수록 집단별 표본수가 줄어들어 앞서 설명한 문제가 발생하게 된다.

최적의 표본수가 어느 정도인지는 비교적 간단한 통계적 기법으로 계산해낼 수 있다. 하지만 여기에서는 복잡한 수식과 계산을 생략하고 '각 집단에 충분한 표본수를 확보하는 것이 중요하다'는 점만 짚고 넘어간다. 좀 더 알고 싶다면 마지막 장에 소개하는 참고문헌을 읽어보기 바란다.

오바마 선거 캠프의 실험 결과

RCT 전문가인 시로커가 오바마 캠프에서 실시한 실험에서는 앞의 세 가지 원칙이 잘 지켜졌다. ①비교집단을 포함해 24개의 적절한 집단이 만들어졌고 ②집단이 무작위로 나뉘었으며 ③각 집단에 충분한 표본수가 채워졌다. 그러면 실험 결과는 어땠을까?

[표 2-10]에 결과가 요약되어 있다. 애초 오바마 캠프는 시안A와 '등록하세요'의 조합이 가장 효과적일 것으로 예상했다. 또는 사진보다 동영상이 등장하는 시안D가 효과적일 것이라는 예상도 있었다.

하지만 뚜껑을 열어보니 예상과는 전혀 다른 결과가 나타났다. 평균 등록률이 가장 높았던 것은 오바마 후보의 가족사진이 담긴 시안B와 '더 알아보기'의 조합이었다. 이 시안을 마주한 집단은 11.6퍼센트가 메일링리스트에 등록했다. 예상과 달리 동영상이 들어간 시안은 평균 등록률 순위 3위 안에도 들지 못했고 애초에 효과적일 것이라 예상했던 시안A와 '등록하세요'의 조합은 8.26퍼센트의 등록률을 나타냈다.

실험 결과에 따라 오바마 캠프는 평균 등록률이 1위였던 시안B와 '더 알아보기' 조합을 선거 운동에 활용했다. 시로커의 계산에 따르면 AB테스트로 얻은 최적의 화면을 채택함으로써 (시안 A와 '등록하세요'의 조합 비해) 288만 명의 메일 주소를 추가로 얻을 수 있었고, 그

표 2-10

오바마 캠프의 RCT 결과

	시작 페이지 화면 시안	버튼	평균 등록률 (퍼센트)	비교집단과의 차이(pp)	표본수 (명)
1위	B	더 알아보기	11.6	+3.34	1만 2947
2위	C	더 알아보기	10.3	+2.04	1만 3073
3위	A	더 알아보기	9.80	+1.54	1만 3025
비교집단	A	등록하세요	8.26	−	1만 3167

출처: 시로커가 운영하는 Optimizely

에 따라 약 6000만 달러의 후원금을 추가로 모금할 수 있었다. 웹사이트상의 간단한 실험이 큰 효과를 발휘한 셈이다.

지금까지 살펴본 RCT의 구체적 사례들은 단발적인 개입효과를 검증하는 것들이었다. 하지만 마케팅 전략, 공공 정책, 학교의 정책 등에서는 단기적인 효과만 중요한 것이 아니다. RCT는 단기적인 효과만이 아니라 중장기적인 효과도 분석해준다. 필자가 교토 게이한나 지역에서 참여했던 실험이 그런 사례였다.

사례3 | 전력 소비를 줄일 수 있는 가장 효과적인 정책은?

2011년 동일본대지진으로 후쿠시마 제1원전에서 사고가 발생하면서 일본은 전력 부족에 시달렸고 전국적으로 절전이 필요했다. 당시 일본 정부는 각 가정에 자발적으로 전기를 아낄 것을 촉구했다. 말하자면 도덕에 호소하는 정책이었다. 그러나 경제학 이론에 따르면 전력이 부족해지는 상황에서는 가격을 올려서 쓸데없는 전력 소비를 줄이는 '가격 정책'이 가장 먼저 고려되어야 한다. 기타큐슈시에서 이루어졌던 실험처럼 말이다.

전력 공급이 부족해지면 비효율적인 발전소를 가동하거나 송전소가 혼잡해지거나 정전의 위험이 발생하는 등 사회가 지불해야 하는 비용이 높아진다. 사회적 비용이 높아지면 그에 맞게 가격을 인상하여 절전을 촉구하는 것이 경제학의 기본이다. 따라서 정부는 전력이 부족한 시간대(여름에는 13시부터 16시까지)에 가격을 올리는 정책을 고려할 수 있다. 이런 가격 정책은 '전력이 부족하지 않은 아침이나 심야 시간에는 가격을 낮춘다'는 정책과 짝을 이룸으로써 전력에 지불하는 총비용에 큰 변화 없이 현명한 전력 사용을 유도할 수 있다.

문제는 도덕에 호소하는 정책과 가격에 호소하는 정책이 얼마나 효과적인지, 또 그 효과가 장기적인지가 제대로 밝혀지지 않았다는 점이다. 결국 이 문제의 답을 얻기 위한 RCT가 실시되었고 그 결과를 다룬 논문*을 최근 발표했다.

연구진은 RCT를 실시하기 위해 교토 게이한나 지역의 일반 가정을 모집했다. 2012년 봄, 실험에 참가한 가정에는 스마트 미터가 설치되었다. 각 가정은 다음과 같이 무작위로 나뉘었다.

① 비교집단(가격 변화도 절전 요청도 받지 않는 집단)

② 가격 변화를 경험하는 집단

③ 절전 요청을 받는 집단

②집단은 [표 2-11]과 같은 가격 변화를 겪었다. 평상시에는 1kWh당 약 25엔인 전력 가격이 수요가 정점에 다다르는 13시부터 16시까지는 65엔, 85엔, 105엔으로 올랐다. 이 집단에 속하는 세대는 전날 저녁과 당일 아침에 어느 가격이 적용되는지를 집에 설치된 액정 화면으로 통보받았다. ③집단은 가격 변화를 겪지 않지만 ②집단과 같은 시간대에 자발적인 절전을 독려하는 절전 요청을

◆　　이 RCT는 첫 번째 사례로 소개했던 기타큐슈시의 현장 실험과 마찬가지로 필자가 교토대학의 이다 다카노리, 정책연구대학원대학의 다나카 마코토와 함께 분석한 것이다. 이 실험은 경제산업성 자원에너지청, 사단법인 신에너지도입기술촉진협의회, 교토부, 간사이전력, 미쓰비시중공업 등과의 공동 사업으로 진행되었다(이다, 다나카, 이토, 2017).

받았다.

단기적으로는 도덕 정책과 가격 정책 모두 효과가 있었다. [표 2-12]는 가격 변화와 절전 요청이 있었던 날, 각 집단의 평균 소비량 (로그값)을 30분 단위로 나타낸 것이다(②집단에는 65엔, 85엔, 105엔의 가

표 2-11

가격 변동 집단에 적용된 요금

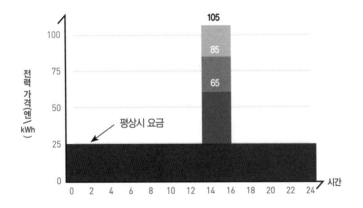

교토 게이한나 지역에서 실시된 RCT에서 가격 변동 집단에게 적용된 요금. 공급이 수요를 따라가지 못하는 날에는 13시부터 16시까지 65엔, 85엔, 105엔의 요금이 적용되었다.

출전: 이다·다나카·이토의 논문(2017)을 바탕으로 직접 작성

====== 표 2-12 ======

교토 게이한나 지역에서 실시된 RCT 실험 결과

● 비교집단 ▲ 절전 요청 집단 ■ 가격 변동 집단

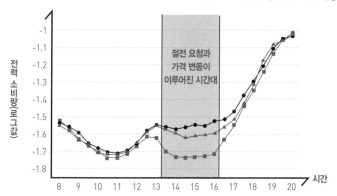

이 그래프는 세 집단에 개입이 이루어진 날의 평균 전력 소비량(로그값)을 30분 단위로 나타 낸 것이다.

출처: 이다·다나카·이토의 논문(2017)을 바탕으로 필자가 작성

격이 적용되었지만 여기서는 모든 결과의 평균값만 반영했다. 원 논문은 가격별 영 향도 분석하여 가격이 오를수록 절전 효과도 크다는 사실을 보여준다).

개입이 없었던 13시 이전의 소비량은 세 집단이 거의 같았다. 반면 개입이 있었던 13시부터 16시까지는 ②집단과 ③집단의 소비

량이 비교집단에 비해 줄어들었다.

[표 2-12]에서 알 수 있는 점은 두 가지다. 첫 번째, 절전 의식에 호소하는 정책과 가격에 호소하는 정책 모두 피크 시간대의 전력 소비량을 낮추는 효과가 있었다는 점이다.[*] 두 번째, 절전된 전기 소비량을 보면 가격에 호소하는 정책이 더욱 효과적이었다. 가격 정책은 여름 내내 약 15퍼센트의 절전 효과를 가져온 반면 절전 요청은 약 3퍼센트의 절전 효과를 가져왔다.

문제는 정책 효과의 지속성

절전 정책에서는 정책 효과의 지속성이 중요하다. 일본의 경우 피크 시간대에 절전을 해야 하는 날이 여름과 겨울에 각각 10일 이상 발생했다. 그래서 절전 요청을 몇 번이나 해야 정책 효과가 지속성을 보이는지를 알아내는 것이 매우 중요하다.

[표 2-13]에는 정책 효과의 지속성을 분석한 그래프들이 나온다. 그래프는 여름과 겨울, 실험 시작부터 종료 시까지 개입효과의 변

[◆]　여기에서는 자세한 통계분석 결과는 생략되었지만 비교집단의 평균 소비량과 두 개입집단의 평균 소비량의 차이는 통계적으로 신뢰할 만했다.

화를 보여준다(1주기당 3회의 개입이 이루어졌다). 절전 의식에 호소하는 정책의 경우 첫 주기에는 8퍼센트쯤의 절전 효과가 나타났지만 그 후에는 절전 효과가 거의 0에 가까워졌다. 한편 가격 정책은 처음부터 끝까지 비교적 큰 변화 없이 15퍼센트 이상의 절전 효과를 가져왔다. 가격 정책은 효과가 크고 효과의 지속성도 있는 셈이다.

이 장의 첫머리에서 설명했듯이 RCT는 집단 간의 차이가 개입에 따른 효과임을 단정할 수 있게 해준다. 만약 집단을 무작위로 나누지 않고 참가 가정이 원하는 대로 배정했다면 어떤 일이 일어났을까? 어쩌면 원래 절전 의식이 높은 사람, 가격 변화에 관심이 많은 사람, 소득이 높은 사람, 교육 수준이 높은 사람 등이 특정 집단에 들어가 버렸을 것이다. 그렇게 되면 실험에서 나타난 효과가 개입의 영향이었는지, 애초에 집단 간에 존재했던 차이였는지 판정할 수 없게 된다.

앞서 살펴본 오바마 캠프의 사례와 마찬가지로 전력 소비량에 관한 실험에서도 적절한 실험 설계를 바탕으로 RCT를 실시한 덕분에 정책 효과를 정확하게 검증할 수 있었다.

표 2-13

절전 요청과 가격 변동의 효과는 얼마나 지속될까?

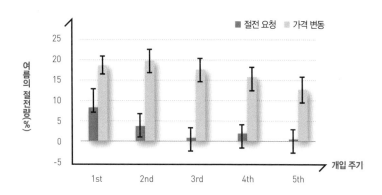

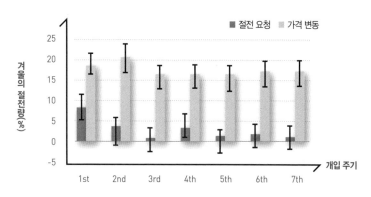

이 그래프는 절전 요청 집단과 가격 변동 집단에 대한 주기별 개입 효과를 측정한 것이다.

출처: 이토·이다·다나카의 논문(2015)

어떻게 집단을 무작위로 나눌 수 있을까?

무작위로 집단을 나눈다는 것은 분석의 대상인 행동 주체(앞의 사례에서는 전력 실험에 참가하는 가정)에게 직접 주사위를 던지게 해서 집단을 정하게 하는 개념이라고 설명했다. 그러나 우리가 실험을 설계할 때는 모든 집을 찾아다니며 주사위를 던지게 하지는 않았다.

여기서는 집단을 무작위로 나누는 법에 대해 간단히 설명하겠다.

첫 번째 방법은 단순 무작위 배정(simple randomization)이다. 실험 참가자의 명단을 무작위로 정렬하여 위에서부터 순서대로 개입집단과 비교집단으로 나누는 것이다. 이를테면 1000명의 참가자를 500명씩 두 집단으로 나눈다고 생각해보자. 엑셀 등의 통계 소프트웨어에는 난수(random number, 특정한 배열 순서나 규칙 없이 무작위로 추출된 수)를 작성하는 기능이 있다. 엑셀을 통해 개개인에게 0부터 1 사이의 난수를 배정한 다음 난수가 작은 사람부터 큰 사람 순으로 정렬하면 무작위로 순서가 매겨진 1000명의 명단이 만들어진다. 명단 위쪽의 500명을 개입집단으로, 나머지 500명을 비교집단으로 한다. 이것이 무작위로 배정하는 가장 단순한 방법이다.

다만 참가자를 이름의 알파벳 순, 우편번호 순, 주소 순, 전화번호 순 등 난수 이외의 것으로 정렬하면 무작위 배정이 잘되지 않고 두 집단 간에 차이가 생길 수도 있다. 예를 들어 우편번호로 명단을 정렬하면 특정 지역 사람이 개입집단이나 비교집단에 집중되어 무작위로 집단을 나누었다고 할 수 없는 상황이 되어버린다.

특히 실험 참가자가 매우 많을 때는 단순 무작위 배정으로 문제가 생기지 않는다. 그러나 실험 참가자가 적을 때는 특정 속성을 지닌 사람들이 우연히 한쪽 집단에 배정될 가능성이 있다. 예를 들어 참가자가 남성 10명과 여성 10명밖에 없다고 하자. 이때 단순히 난수를 통해 집단을 나누면 한쪽 집단에 남성이 많이 배정되는 사태가 발생할지도 모른다. 실험 참가자가 남성 1000명에 여성 1000명이라면 한쪽 그룹에 남성이 몇 명 더 들어가도 문제가 되지 않는다. 그러나 참가자가 남성 10명, 여성 10명뿐이고 한쪽 집단에 남성이 많이 들어간다면 집단 간에 뚜렷한 특성의 차이가 발생하게 된다.

이런 경우 유용한 방법이 층화 무작위 배정(stratified randomization)이다. 이 방법은 블록 무작위 배정(block randomization)이라고 불리기도 한다. 이 방법에서는 먼저 같은 특성을 지닌 참가자를 블록(즉 집단)으로 나눈 다음 블록 안에서 난수를 이용해 무작위로 집단을 배정한다.

다시 한 번 참가자가 남성 10명, 여성 10명밖에 없는 실험을 생각해보자. 이 실험에서 성별로 블록을 나누면 남성 10명과 여성 10명으로 구성된 두 개의 블록이 만들어진다. 각각의 블록 안(이를테면 남성 10명에 대해서)에서 난수를 만들어 다섯 명씩 개입집단과 비교집단에 배정한다. 마찬가지로 여성 10명으로 구성된 블록 안에서도 난수를 이용해 다섯 명씩 개입집단과 비교집단에 배정한다. 그러면 어느 집단에든 남성 다섯 명, 여성 다섯 명이 배정되므로 남성이 한쪽 집단에 치우치는 상황을 막을 수 있다.

블록을 나눌 경우 하나의 변수만 기준으로 삼을 필요는 없다. 예를 들면 성별과 소득이라는 두 가지 변수를 기준으로 ①소득이 높은 남성, ②소득이 낮은 남성, ③소득이 높은 여성, ④소득이 낮은 여성이라는 네 개의 블록을 만들 수 있다.

이 책에서는 자세한 설명을 생략하지만 RCT의 집단 배정이나 분석 기법 등에 대해서 더 알고 싶다면 듀플로·글레너스터·크레머가 집필한 2007년 논문(Duflo·Glennerster·Kremer, 2007)을 참고하기 바란다.

RCT의 강점과 약점

마지막으로 RCT의 강점과 약점을 알아보자. 지금까지 설명한 대로 RCT의 가장 큰 강점은 무작위로 집단을 나눔으로써 인과관계를 과학적으로 증명해준다는 점이다. 또 분석 방법이나 결과가 투명하기 때문에 비전문가도 비교적 쉽게 이해할 수 있다.

하지만 RCT도 만능은 아니다. RCT의 문제점과 한계는 7장에서 자세히 설명할 것이다. 다만 여기서는 RCT의 최대 약점이 비용과 노력이 많이 들어가고 각 기관의 협력이 필요하다는 점이라는 사실만 짚고 넘어가자. 데이터 분석이라고 하면 기존 데이터를 분석하는 작업이라고 생각하는 사람이 많다. 하지만 RCT는 '문제의 답을 얻기 위해 데이터를 만들어간다'.

데이터를 만들려면 비용이 든다. 여기에는 각종 설비에 들어가는 비용뿐만 아니라 실험 참가자나 조력자들에게 지불하는 비용도 포함된다. 또 RCT를 실시하려면 각 기관의 협력이 반드시 필요하다. 이 장에서 소개한 전력 실험은 정부기관, 자치단체, 기업, 연구자의 팀워크로 실현되었다. 여러 기관이 협력하려면 다양한 형태의 노력이 필요하다. 이렇게 비용과 노력이라는 두 가지 과제가 극복되지 않으면 RCT가 아무리 우수해도 실제 현장에서 실시될 수 없다.

그러면 RCT를 실시할 수 없을 때는 데이터 분석으로 인과관계를 밝히는 일을 포기해야 할까? 그렇지 않다. 다음 장부터는 RCT를 실시할 수 없을 때는 어떤 방법을 쓸 수 있는지 알아볼 것이다.

━━ **SUMMARY** ━━

■ 인과관계를 밝히는 가장 좋은 방법은 RCT(무작위비교시행)다.

....

■ 개입집단과 비교집단을 나누는 것이 중요하다.

....

■ RCT의 원칙 :
  1. 인과관계를 밝히기 위해 적절하게 집단을 만든다. 반드시 비교집단
     을 만들어야 한다.
  2. 집단은 반드시 무작위로 나눈다.
  3. 각 집단에 충분한 표본수를 배정한다.

....

■ RCT의 강점 :
  1. 인과관계를 과학적으로 보여준다.
  2. 분석 기법과 결과가 투명하다.

....

■ RCT의 약점 : 비용, 시간, 노력이 많이 들고 각 기관의 협력도 필요하
  다. 그밖에 RCT의 한계와 그에 따르는 주의점 등은 7장에서 설명한다.

3

70세가 되자 병원을 많이 가기 시작했다

: 급격한 변화의 '경계선'을 찾는 RD디자인

앞 장에서는
인과관계를 밝히는 가장 좋은 데이터 분석법인
RCT에 대해 알아보았다.
그러면 RCT가 불가능할 때는
어떤 방법으로 인과관계를 밝혀내야 할까?
최근 경제학계는 그 답을 찾기 위해
활발하게 연구를 진행하고 있다.
그중에서도 '실험에 가까운 상황을 이용한다'는
발상에서 비롯된 자연실험 기법을
다양한 상황에서 쓰고 있다.
이 장에서는
대표적인 자연실험 기법인 RD 디자인을
살펴본다.

RCT를 실시할 수 없을 때, 자연실험

RCT는 데이터 분석자가 능동적으로 실험을 설계하고 개입을 통해 데이터를 수집·분석하는 인위적인 방법이다. 반면 이 장에서 설명할 자연실험에는 인공적인 실험이 따르지 않는다. 오히려 우연히 발생한 실험과 유사한 상황을 활용한다고 보면 되겠다. 이 책에서는 자연실험이라는 용어를 쓰지만 실험과 유사한 상황을 이용한다는 의미에서 의사실험, 유사실험, 준실험 등의 용어를 쓰기도 한다. 모두 영어 'quasi-experiment'를 번역한 것이다.

RCT는 데이터 분석자가 분석에 가장 적합한 설계를 할 수 있다는 장점이 있다. 반면 자연실험은 RCT와 같은 형태로 이루어지지 않는 정책이나 비즈니스상의 개입을 분석할 수 있다는 강점이 있다. RCT와 자연실험은 대체 관계라기보다는 보완 관계이므로, 어느 쪽이 적절한지는 분석하려는 상황이나 문제에 따라 결정된다.

이 장부터 자연실험을 이용한 세 가지 분석법을 소개할 것이다. 처음에 소개할 것은 '회귀불연속설계법(RD디자인)'이다. 이 책에서는 회귀불연속설계법이라는 어려운 명칭 대신 RD디자인으로 표기하기로 한다. 나중에 설명하겠지만 RD디자인의 키워드는 불연속(discontinuity)과 경계선(borderline)이다. 일본의 의료비 사례를 통해 불연속과 경계선이 무슨 의미인지 살펴보자.

일본의 의료비 사례를 통해 알아보는 RD디자인

일본에서는 '의료비 증가로 정부의 재정 상황이 악화되었다'는 뉴스가 종종 나온다. 고액의 의료비는 일본뿐만 아니라 전 세계가 고민하는 문제다. 의료비를 줄이기 위한 정책으로 가장 먼저 떠오르는 것은 본인부담금을 조절하는 것이다. 본인부담금이 너무 적으면 불필요하게 진료를 받는 사람이 늘어나 의료비가 증가한다. 반면 본인부담금이 지나치게 많으면 병이 악화된 후에야 병원을 찾는 사람이 늘어나 결과적으로는 의료비가 껑충 뛰어버릴 가능성이 있다. 따라서 의료 정책에서는 다음과 같은 문제가 중요하다.

- 본인부담금을 변화시키면 의료 서비스 이용 빈도가 어떻게 달라질까?
- 본인부담금을 변화시키면 국민의 건강이 어떤 영향을 받을까?

그러면 RCT로 이 문제들에 대한 답을 얻을 수 있을까? 다시 말해 의료 서비스를 받는 사람을 무작위로 개입집단과 비교집단으로 나눈 다음 개입집단의 본인부담금만 변경하는 실험을 할 수 있을까?

2008년 미국 오리건주에서 이와 유사한 RCT가 실제로 실시되었다. 하지만 이런 실험을 전국에서 실시하기에는 예산이나 인력 면에서, 그리고 윤리 면에서 쉽지 않을 것이다. 그래서 지금 소개할 연구가 발표되기 전까지는 데이터 분석을 통해 이 문제들에 대한 답을 내는 것은 매우 어려운 일이라는 인식이 있었다.

의료비의 본인부담금이 바뀌는 '경계선'에 착안하다

캐나다 사이먼프레이저대학의 시게오카 히토시(重岡仁)는 이 문제의 답을 얻기 위해 일본 의료비 제도의 특징에 주목했다(시게오카, 2014). 일본에서는 70세 생일을 기준으로 의료비의 본인부담금이 30퍼센트에서 10퍼센트로 낮아진다(2014년 4월부터 70~75세의 본인부담금은 20퍼센트로 인상되었다). 시게오카는 '본인부담금이 의료 서비스 이용에 영향을 미친다면 70세 이상의 환자는 70세 미만의 환자에 비해 의료 서비스를 더 많이 이용할 것'이라는 가설을 세웠다.

시게오카는 1984년부터 2008년까지 병원을 이용한 환자들의 데이터를 모아 월연령별로 외래환자의 수를 그래프로 그렸다(표 3-1). 그래프의 가로축에는 65세부터 75세까지 환자의 나이를 표시했고, 세로축에는 의료 서비스를 이용한 외래환자의 수가 로그로 표시했다. 2장에서 설명했듯이 로그값을 취하면 두 점 사이에 몇 퍼센트의 차이가 있는지를 그래프에서 쉽게 파악할 수 있다. 이에 대한 구체적 설명 전에 몇 가지만 체크해보자.

먼저 그래프상의 점은 무엇을 나타내는 것일까? 1984년부터 2008년까지 병원을 이용한 환자들의 데이터에는 나이가 개월수로 표기되었다. 이를테면 69세 11개월, 70세 0개월이라는 식이다. 그래프상의 점은 월연령별 외래환자의 수를 나타낸다.

그러면 그래프상에 실선으로 그려진 곡선은 무엇일까? 이 실선은 각각의 점을 이어줌으로써 70세 이전(왼쪽)과 이후(오른쪽)의 대략

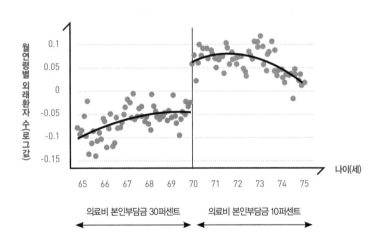

표 3-1

월연령별 외래환자의 수

출처: 시게오카의 논문(2014)에 실린 그래프에 필자가 설명 추가

적인 데이터 움직임을 한눈에 보여준다. 통계적으로 설명하면 이 실선은 70세 이전과 이후의 데이터 움직임을 2차함수로 추정한 것이다.

[표 3-1]에서는 두 가지 사실을 알 수 있다. 첫 번째는 데이터가 오른쪽으로 상승 곡선을 그리고 있다는 점이다. 65세부터 72세까지는 나이가 많을수록 의료 서비스를 이용하는 외래환자의 수도 늘고 있다. 나이가 들수록 건강상의 문제로 병원을 찾을 필요성이 높아지는 탓일 것이다.

두 번째는 70세를 경계로 큰 '점프(비연속적 변화)'가 보인다는 점이다. 즉 월연령이 69세 11개월인 외래환자보다는 70세 0개월인 외래환자가 현격히 많다는 의미다. 의학적 요인으로 설명이 될까? 70세 생일을 맞자마자 갑자기 건강 상태에 변화가 왔을 리는 없다. 따라서 의학적인 변수 이외의 무언가가 영향을 미쳤다는 추측이 가능하다.

70세 경계선에서 급격히 환자 수가 늘어난 까닭은?

그러면 이런 점프의 요인은 무엇일까? 앞서 설명했듯이 일본에서는 70세 생일을 경계로 의료비의 본인부담금이 30퍼센트에서 10

퍼센트로 떨어진다. 즉 69세 11개월일 때는 본인부담금이 30퍼센트지만 70세 0개월부터는 10퍼센트가 된다. 여기서는 '본인부담금 이외의 변수는 70세 생일을 경계로 급격하게 변화하지 않는다'고 가정하자(RD디자인의 가정에 대해서는 뒤에서 자세히 설명할 것이다). 이를테면 70세 생일을 경계로 갑자기 건강 상태가 악화하거나 수입이 크게 변하지는 않는다는 뜻이다. 그렇다면 [표 3-1]에 나타난 점프는 의료비 본인부담금의 변화 외에 다른 변수로는 설명되지 않는다. 즉 경계선에서의 점프를 통해 의료비 본인부담금(X)이 의료 서비스 이용(Y)에 미치는 인과관계를 측정할 수 있다. 이것이 경계선을 활용한 RD디자인의 기본적인 사고방식이다.

그럼 RD디자인의 가정을 설명하기 전에 시게오카의 발견과 그 정책적 의미에 대해 생각해보자. [표 3-1]의 세로축을 보면 70세를 경계로 의료 서비스는 약 0.1만큼 늘어났다. 앞서 말했듯이 세로축은 로그값이고 '로그값의 차는 퍼센트 변화치와 거의 같다'. 이 사례에서 로그값의 차가 0.1이라는 것은 의료 서비스 이용이 약 10퍼센트 늘었다는 의미다. 즉 70세를 경계로 외래환자의 수가 약 10퍼센트 많아졌다는 뜻이다. '본인부담금이 30퍼센트에서 10퍼센트로 감소하면서 외래환자의 수는 약 10퍼센트 증가했다'는 것은 의료경제학이나 의료정책의 세계에서는 매우 중요한 발견이다.

시게오카는 이 값을 토대로 경제학의 주요 개념인 '수요의 가격탄력성'도 계산했다. 수요의 가격탄력성이란 가격이 1퍼센트 오를 경우 수요는 얼마나 변화하는지를 나타내는 수치다. 시게오카의 계산에 따르면 [표 3-1]에서 추정된 가격탄력성은 −0.18이었다. 이는 의료 서비스 가격이 1퍼센트 오르면 수요는 0.18퍼센트 떨어진다는 의미다. 시게오카가 발견한 의료 수요의 가격탄력성은 최적의 의료비와 최적의 본인부담금에 대한 의료 정책적 논의에서 매우 중요한 값이 되었다.

RD디자인에 필요한 가정

이제부터는 RD디자인에 필요한 가정을 그림으로 설명해보겠다. 앞 장과 마찬가지로 개입에 해당하는 의료비 본인부담금은 X로, 결과인 의료 서비스 이용 수는 Y로 표시한다. 여기서 우리가 찾으려는 인과관계는 의료비 본인부담금(X)이 의료 서비스 이용(Y)에 영향을 주었는가다.

RD디자인에는 다음과 같은 가정이 필요하다.

[표 3-2]는 70세 0개월을 경계로 본인부담금이 바뀌지 않을 경우
도 예측해서 보여준다.

위의 RD디자인의 가정이 의미하는 것은 '만약 본인부담금(X)이
70세를 경계로 변화하지 않는다면 [표 3-1]처럼 의료 서비스 이용자
수(Y)도 점프하지 않는다'는 것이다. 다시 말해 본인부담금이 변하
지 않으면 [표 3-2]의 점선과 같이 70세 직후에도 의료 서비스 이용
자 수(Y)는 크게 변하지 않고 70세에도 점프는 일어나지 않는다는
것이다.

그러면 이 가정이 성립하는지를 검증할 수는 있을까? 안타깝게
도 불가능하다. 이 사례에서는 인위적인 개입이 불가능하므로 본인
부담금이 변하지 않았을 경우의 데이터(표 3-2)의 점선)는 가상적이고
잠재적으로만 존재할 뿐, 실제로는 존재하지 않는다. 앞 장에서 설
명했듯이 [표 3-2]에 점선으로 표시된 데이터는 '실제로 일어나지 않
은 잠재적 결과'라고 불린다. 개입집단에 대해 개입이 없었을 경우
의 잠재적 결과를 알려고 해도 그런 데이터는 구할 수가 없다.

표 3-2

RD디자인의 가정

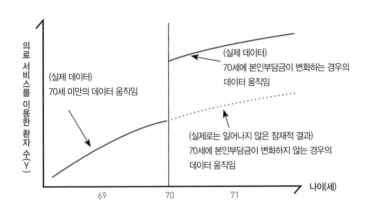

RD디자인에 필요한 가정이란 '만약 70세의 경계선상에서 본인부담금(X)이 변화하지 않는다면 의료 서비스 이용자 수(Y)도 점프하지 않는다'는 것이다.

즉 RD디자인의 가정은 [표 3-2]에 점선으로 표시된 '가상의' 데이터에 기초하므로 데이터로 입증하는 것은 불가능하다. 분석자는 '아마 이 가정이 성립할 것'이라는 주장만 펼칠 수 있을 뿐이다.

이것이 자연실험과 RCT의 차이점이다. RCT에서는 무작위로 집단을 나누기만 하면 인과관계를 분석하기 위한 가정이 수학적으로 증명되었다. 하지만 RD디자인을 비롯한 자연실험 기법으로는 가정의 성립 여부를 수학적으로 증명하지 못하고 다만 가능성을 쌓아갈 수만 있다.

의료비 본인부담금 분석에서 가정은 성립할까?

지금까지 살펴본 의료비 본인부담금 사례에서 RD디자인의 가정이 성립하는지를 다양한 관점에서 살펴보자. RD디자인의 가정에 대해서는 다음과 같이 비판할 수 있다.

"나이가 들면서 병에 걸릴 가능성은 높아진다. 그렇기 때문에 고령자일수록 의료 서비스를 받는 것은 당연하다. 따라서 나이와 건강 상태의 관련성을 고려하면 70세 이후 본인부담금에 변화가 없더라도 환자 수는 늘어나지 않을까?"

이런 비판이 RD디자인의 가정을 무너뜨릴까? 확실히 나이가 들수록 병에 걸릴 가능성은 높아진다. 그래프에서도 65세부터 70세까지 나이가 들어감에 따라 환자 수가 완만하게 늘어나고 있다.

나이가 건강에 영향을 주더라도 그 영향력이 70세 생일을 경계로 비연속적으로 급증할 가능성이 있을까? 의학적으로 생각해도 70세 생일을 경계로 병에 걸릴 확률이 급격히 높아질 가능성은 낮다. 만약 나이와 건강의 관계가 연속적이고 70세를 경계로 급격히 긴밀해지는 것이 아니라면 RD디자인의 가정은 지켜진다.

두 번째로, '나이가 들어감에 따라 취업률, 노동시간, 수입 등에 변화가 있었을 것'라는 비판이 있을 수도 있다. 이런 변수들이 의료 서비스 이용에 영향을 주었다고 해도 전혀 이상하지 않다. 하지만

표 3-3

월연령별 취업률

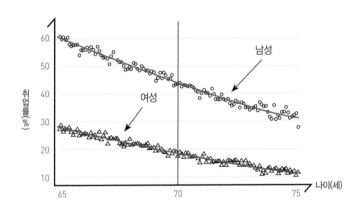

70세를 기준으로 취업률이 비연속적으로 변화하지는 않는다.

출처: 시게오카(2015)의 논문에 실린 그래프에 설명 추가

70세가 되자 병원을 많이 가기 시작했다
: 급격한 변화의 '경계선'을 찾는 RD디자인

이런 변수들도 나이에 따라 연속적으로 변해간다면 별 문제가 없다. 이런 연속적인 변화로는 70세를 기점으로 의료 서비스 이용이 급증하는 것을 설명할 수 없기 때문이다.

RD디자인에서 분석자는 취업률, 노동시간, 수입 등의 변수가 70세를 경계로 비연속적인 변화를 보이지 않는지 그래프를 만들어 확인해야 한다. 예를 들어 [표 3-3]은 남녀의 월연령별 취업률을 보여준다. 나이가 들어감에 따라 취업률은 완만하게 감소한다. 그러나 70세를 경계로 비연속적으로 변화하지는 않는다. 즉, 본인부담금 외의 변수에 관해서는 데이터를 모아 비연속적인 변화가 일어나지 않았다는 사실을 보여주는 것이 중요하다.

RD디자인의 가정이 무너지는 때

70세를 기준으로 본인부담금 이외의 무언가가 비연속적으로 변화하여 의료 서비스 이용에 영향을 미친다면 RD디자인의 가정도 무너진다. 예를 들어 70세 생일을 경계로 연금 지급액이 크게 인상된다면 어떨까(실제로 그런 일은 없다). 이 경우 RD디자인의 가정이 무너질 가능성이 있다. 왜 그럴까?

연금을 많이 받게 되면 그만큼 소득이 늘어나 의료 서비스에 사용할 자금이 생긴다. 다시 말해 연금 지급액 인상으로 의료 서비스 이용이 늘어날 가능성이 있다. 그렇다면 70세를 경계로 본인부담금이 바뀌지 않더라도 의료 서비스 이용이 비연속적으로 증가할(점프할) 가능성이 있으므로 RD디자인의 가정은 무너진다.

실제로 이런 일이 일어나면 [표 3-1]에서 관측된 환자 수의 점프는 70세 이후 연금 지급액이 인상된 영향이지, 본인부담금이 변화한 영향은 아니라는 비판이 성립한다. 그러면 RD디자인으로 측정된 효과가 본인부담금의 변화에 의한 것이라고 단언할 수 없게 된다.

RD디자인의 가정은 언제 또 무너질까? 바로 분석의 대상이 그래프 가로축의 변수를 조작할 수 있을 때다. 여기서는 환자가 자신의 나이를 속이는 경우다(물론 현실적으로는 불가능에 가깝다).

나이를 속이는 것이 가능할 경우 병약한 사람이나 소득이 낮은 사람 등이 자신의 나이를 70세 이상이라고 속일 가능성이 있다. 그렇게 되면 그래프에서 70세를 기준으로 오른쪽에는 원래 병약했던 사람이 모이고 왼쪽에는 비교적 건강한 사람이 모이게 된다. 이것은 70세를 경계로 의료비 본인부담금이 급격히 변화해서만이 아니라 병약한 사람이 나이를 속인 영향도 있는 것이다. 따라서 RD디자인에는 '분석 대상이 그래프 가로축의 변수를 자의적으로 조작할 수 없다'는 조건이 필요하다.

RD디자인의 가정이 무너지면 [표 3-2]에서 점선으로 표시된 부분이 70세를 경계로 비연속적으로 변화하게 된다. 70세에 본인부담금이 변화하지 않는다고 해도 연금 지급액이 비연속적으로 변화하거나 환자가 나이를 속임으로써 의료 서비스 이용자 수가 비연속적으로 바뀌기 때문이다.

시게오카가 실시한 연구의 강점은 RD디자인에 필요한 가정이 지켜질 가능성이 매우 높다는 점이다. 시게오카의 논문에 따르면 일본에서는 70세 이후 의료비 본인부담금 외에는 비연속적으로 바뀌는 정책이 없다. 또 일본의 의료보험 체계에서는 자기 나이를 속이는 것이 불가능하다. 하지만 어떤 경우에도 'RD디자인에 필요한 가정이 적절히 지켜졌다'고 단정하거나 입증할 수는 없다. 다만 분석자는 '이 상황에서는 RD디자인의 가정이 지켜질 가능성이 높다'고 주장할 수 있을 뿐이다.

경계선 부근에서 RCT와 비슷해진다

이쯤에서 RCT와 RD디자인의 관련성을 생각해보자. 말하자면 RD디자인은 경계선 부근에서 저절로 만들어진 RCT다. 무슨 뜻일까?

경계선 부근에 두 개의 집단이 있다고 하자. 첫 번째 집단에는 나이가 69세 11개월인 사람들이 속해 있고 두 번째 집단에는 70세 0개월인 사람들이 속해 있다. 두 집단은 생일이 며칠 다를 뿐, 건강 상태나 취업률 등은 매우 비슷할 것으로 예상된다.

하지만 생일이 고작 며칠 다를 뿐인데도 첫 번째 집단의 본인부담금은 30퍼센트, 두 번째 집단의 본인부담금은 10퍼센트다. 매우 유사한 두 집단에 대해 무작위로 개입(여기서는 낮은 본인부담금)이 이루어진 듯한 상황이 만들어진 것이다. 2장의 표현을 빌리면 69세 11개월인 사람들이 비교집단이고 70세 0개월인 사람들이 개입집단이다.

이 경우 RCT와는 달리 데이터 분석자가 두 집단을 만들지는 않았다. 그러나 70세 생일을 기준으로 본인부담금이 30퍼센트에서 10퍼센트로 크게 바뀌는 일본의 제도가 마치 실험 같은 상황을 만들어낸 것이다. 그래서 RD디자인을 포함해 이 장에서 다루는 방법들이 '자연실험'이라 불리는 것이다.

RD디자인의 강점과 약점

그러면 가장 좋은 방법인 RCT에 비해 RD디자인의 강점과 약점은 무엇일까?

RD디자인의 약점은 경계선 부근에 있는 사람에 대한 인과관계만 측정할 수 있다는 점이다. 앞서 분석했던 인과관계는 본인부담금(X)이 의료 서비스 이용(Y)에 미치는 영향이었다. 그런데 70세라는 경계선을 이용하는 RD디자인으로는 나이가 70세 부근인 사람들이 본인부담금에 어떻게 반응하는지만 분석할 수 있다. 그러므로 시게오카의 분석으로 '70세 전후의 고령자가 의료비 본인부담금에 어떻게 반응하는가?'를 논의하는 것은 적절하지만 50세나 80세처럼 70세와 동떨어진 나이대의 사람에게 분석 결과를 적용하려면 추가적인 가정이 필요하다.

한편 적절하게 RCT를 실시하면 더욱 광범위한 나이대의 사람들을 조사할 수 있다. 예를 들어 일본 전역의 환자를 대상으로 본인부담금 10퍼센트와 30퍼센트를 무작위로 배정하는 RCT가 가능했다고 하자. 그러면 일본 전역에서 다양한 나이대의 사람들에 대한 효과를 분석할 수 있다. 다양한 나이대로 개입집단과 비교집단을 만들 수 있기 때문이다.

다만 70세 전후의 사람들만 분석 대상으로 삼고 싶다면 이런 약점은 전혀 문제되지 않는다. 예를 들어 70세 전후의 사람들을 대상으로 최적의 제도 개혁안을 찾는 것이 목적이라면 RD디자인만으로도 해답을 구할 수 있다.

또 '이 정책의 효과는 연령에 관계없이 똑같다'는 가정이 성립하면 앞서 설명한 RD디자인의 약점은 그다지 문제가 되지 않는다. 이 가정이 성립하면 70세를 대상으로 측정한 개입효과를 모든 나이대에 적용할 수 있기 때문이다. 하지만 최근의 경제학 연구에서는 이런 가정이 대개 성립하지 않는다는 점이 지적되고 있다. 다양한 이유에 의해 의료 가격에 대한 연령별 반응도가 달라질 가능성이 높기 때문이다.

RD디자인의 강점은 RCT를 실시하지 않고도 RCT에 가까운 상황을 만들어낼 수 있다는 점이다. 이것은 실험에 비용과 노력이 많이 들어가는 RCT에 비해 이미 확보된 데이터만으로 분석이 가능한 RD디자인의 커다란 강점이다.

또 RD디자인은 다른 자연실험 기법에 비해서도 우수한 점이 많다. RD디자인은 그래프를 이용해 분석 결과나 가정을 시각적으로 설명해준다. 이것은 투명한 분석을 가능하게 하는 동시에 비전문가도 합리적인 분석을 가능하게 한다.

마지막으로 RD디자인을 이용할 수 있는 상황이 많다. 지금까지 살펴본 사례는 어떤 나이를 경계로 정책 개입이 비연속적으로 변하는 경우였다. 사실 세상을 둘러보면 비즈니스나 정책에 의해 인위적으로 경계선이 만들어지는 상황이 예상 외로 많다.

그럼 이런 경계선을 활용한 RD디자인의 사례를 계속해서 살펴보자.

지리적 경계선을 이용한 RD디자인

[표 3-4]에는 미국 캘리포니아주 오렌지카운티의 지도가 나온다. 두 전력회사의 서비스 지역 경계선이 도시를 관통하고 있다. 같은 도시에 살아도 경계선 남쪽 주민은 샌디에이고전력가스회사(San Diego Gas&Electric, SDG&E)에서, 북쪽 주민은 남캘리포니아전력회사(Southern California Edison, SCE)에서 전력을 제공받는다.

2000년 7월까지는 두 전력회사의 가정용 전력 가격이 거의 같았지만 2000년 8월 SDG&E가 전력 가격을 2배로 올렸다. 즉 누군가 의도적으로 RCT를 실시하지 않았는데도 같은 도시의 남쪽에서만 전력 가격이 오르는 자연실험이 일어난 것이다. 여기서는 소비자가 전력 가격 변화에 어떻게 반응했는지를 분석한 연구 결과(이토, 2014)를 일부 소개한다.

앞 장에서 설명했듯이 전력 가격 변화에 대한 소비자의 반응을 조사하는 가장 좋은 방법은 RCT다. 하지만 RCT를 대규모로 실시하기는 쉽지 않다. 그래서 필자는 캘리포니아 주정부와 전력회사의 협조를 얻어 10년 치에 이르는 각 가정의 월간 전력 소비량을 RD디자인으로 분석했다.

[표 3-5]는 남쪽과 북쪽의 전력 가격이 거의 같았던 2000년 7월의 전력 소비량(전년 동월과 비교했을 때의 변화량)을 나타낸 것이다. 그

래프의 가로축은 서비스 지역 경계선과의 거리를 나타낸다. 가로축의 0은 전력회사의 경계선이다. 또 그래프의 왼쪽(경계선과의 거리가 음수로 표시되어 있는 부분)은 경계선의 북쪽 지역을, 오른쪽(경계선과의 거리가 양수로 표시되어 있는 부분)은 경계선의 남쪽 지역을 나타낸다.

표 3-4

캘리포니아주 오렌지카운티의 전력회사 경계선

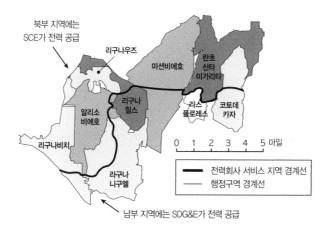

같은 행정구역 안에서도 북쪽과 남쪽의 전력회사가 달라진다.

출처: 필자의 논문(2014)에 실린 그래프에 설명 추가

그래프의 점들은 해당 지역에 사는 수천 세대의 평균 전력 소비량(엄밀히는 전년 동월과 비교한 소비량의 변화율)을 나타낸다. 또 각각의 점을 지나는 세로선은 95퍼센트 신뢰구간을 나타낸다. 신뢰구간은 평균값의 계산상 오차를 보여주는 지표다. 북쪽과 남쪽의 전력 가격이 거의 같았던 시기([표 3-5])를 보면 양 지역의 소비량에는 큰 차이가 없었다.

한편 [표 3-6]은 남쪽 지역만 전력 가격이 2배로 뛰었던 2000년 8월의 소비량을 보여준다. 그래프의 왼쪽 지역(경계선 북쪽 지역)에 비해 오른쪽 지역(경계선 남쪽 지역)에서는 소비량이 평균 13퍼센트 줄었다.

이 지리적 경계선상에서 RD디자인의 가정은 성립할까? 잠깐 RD디자인의 가정을 다시 떠올려보자. 이 사례에서 측정하려는 인과관계는 2000년 8월의 전력 가격 폭등(X)이 전력 소비량(Y)에 영향을 미쳤는가다. 이때 필요한 RD디자인의 가정은 '경계선상에서 전력 가격의 변화(X)가 없다면 전력 소비량(Y)도 점프하지 않는다'는 것이다.

지금까지 설명한 대로 RD디자인을 비롯한 자연실험 기법으로는 가정이 성립하는지를 입증하는 것이 불가능하며 분석자는 가정이 아마도 성립할 것이라는 증거를 나열해갈 수밖에 없다.

이 사례에서는 남쪽과 북쪽의 두 지역에서 전력 가격 외에 다른

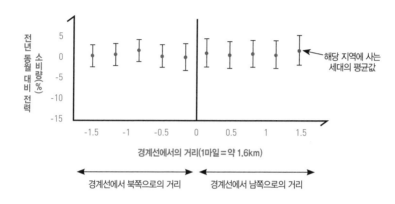

표 3-5

남쪽과 북쪽의 전력 가격이 거의 같았던 2000년 7월의 전력 소비량

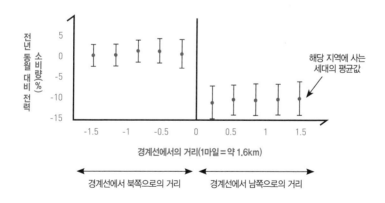

표 3-6

남쪽 지역만 전력 가격이 2배 뛰었던 2000년 8월의 전력 소비량

변수가 비연속적으로 변했다면 RD디자인의 가정이 무너진다. 예를 들어 기후의 영향은 어떨까? 또는 주나 시의 제도가 바뀌는 등의 정책 변화는 없었을까?

이 사례에서 RD디자인은 세 가지 강점을 갖는다. 첫 번째 강점은 두 전력회사의 서비스 지역 경계선이 같은 도시를 관통하고 있다는 점이다. 남북의 세대는 같은 도시에 살고 있기 때문에 기후 변화나 정책 변화는 남북 지역에서 공통으로 일어났을 가능성이 높다. 즉 남쪽이나 북쪽에서 점프가 일어날 만한 영향을 끼쳤다고는 생각할 수 없다는 말이다.

두 번째 강점은 가격 변화라는 개입(x)이 있기 전의 데이터가 있다는 점이다. [표 3-5]는 개입이 있기 전인 2000년 7월의 데이터를 보여준다. 물론 [표 3-5]가 '2000년 8월에 가격 변화가 없었다면 점프는 없었을 것'이라는 잠재적 결론을 입증해주는 것은 아니다. 하지만 7월까지 잠잠하다가 갑자기 8월에 점프가 (전력 가격 변화 이외의 요인으로) 일어나리라고는 생각하기 어렵기 때문에 [표 3-5]는 RD디자인의 가정을 검증하는 데 크게 도움이 된다.

세 번째 강점은 미국의 인구총조사 데이터를 이용함으로써 남쪽과 북쪽 지역의 세대가 (전력 가격의 변화를 경험했다는 것 말고는) 거의 비슷하다는 사실을 보여줄 수 있다는 점이다. [표 3-7]은 남북 세대의 데이터와 인구총조사 데이터를 통합한 것이다. 이 표는 개입집

표 3-7

경계선의 북쪽 세대와 남쪽 세대의 속성 정보

	북쪽 세대의 평균값	남쪽 세대의 평균값	평균값 차이	평균값 차이의 표준오차
인구총조사 데이터				
1인당 소득(달러)	4만 773	4만 832	59	(2261)
소유 주택 가격(달러)	39만 1508	40만 4887	1만 3379	(2만 7849)
집세(달러)	1364	1385	21	(74)
1세제곱마일당 인구	6084	5423	−662	(508)
가족 수	2.71	2.81	0.11	(0.09)
나이	47.71	45.73	−1.98	(1.35)
주택 소유 비율(%)	81.96	84.27	2.41	(2.53)
남성(%)	49.12	48.65	−0.46	(0.52)
남성 취업률(%)	74.90	78.67	3.78	(2.41)
여성 취업률(%)	57.75	58.54	0.79	(2.19)
대졸(%)	50.31	52.96	2.65	(1.76)
고졸(%)	35.25	32.27	−2.98	(1.44)
고졸 미만(%)	4.28	4.07	−0.21	(0.44)
백인(%)	85.53	83.74	−1.79	(1.27)
히스패닉(%)	9.33	9.70	0.37	(0.93)
아시아계(%)	6.97	8.23	1.26	(0.90)
흑인(%)	1.19	0.86	−0.32	(0.22)
전력 소비 데이터				
전력 소비량(kWh/일)	21.37	22.48	1.11	(0.12)
전력 소비량(로그값)	2.89	2.89	0.00	(0.00)
1999년 전력 소비량(로그값)	2.86	2.86	0.01	(0.01)

경계선의 북쪽 세대와 남쪽 세대는 여러 면에서 비슷했다.

출처: 필자의 논문(2014)을 바탕으로 작성

단과 비교집단의 속성을 비교한 [표 2-4]와 같은 형식이다. 표를 보면 남쪽 세대와 북쪽 세대의 평균값이 매우 비슷하다는 사실을 알 수 있다.

RD디자인의 가정이 성립한다면 [표 3-6]에 대해 '전력 가격이 2배로 인상되었기 때문에 전력 소비량은 평균 13퍼센트 떨어졌다'는 인과관계를 주장할 수 있게 된다. 다만 이 결과는 경계선 부근의 세대에만 적용된다는 점을 기억해야 한다. 이 분석의 목적이 경계선 부근의 세대에 대한 가격 효과를 알아내는 것이라면 아무 문제가 없다.

하지만 캘리포니아 전역에 사는 전력 소비자의 반응을 알아보는 것이 목적이었다면 이야기는 달라진다. 그런 경우에는 분석 대상이었던 경계선 부근에 사는 주민의 반응과 캘리포니아 전역에 사는 주민의 반응이 같다고 가정하지 않는 한, RD디자인으로 얻은 결과를 그대로 캘리포니아 전역에 적용할 수는 없다. RD디자인으로 얻은 효과를 해석할 때는 이 점에 주의해야 한다.

이런 외적 타당성은 데이터를 분석하는 사람이나 분석 결과를 이용하는 사람에게 매우 중요하므로 7장에서 자세히 설명한다.

SUMMARY

- RCT를 실시할 수 없을 때는 자연실험을 활용할 수 있다.

- 자연실험이란 실제 실험과 유사한 상황을 이용해 인과관계를 분석하는 기법이다.

- RD디자인은 온갖 경계선을 활용하여 인과관계에 다가서는 자연실험 기법이다.

- RD디자인의 원칙 :
  1. 경계선을 기준으로 한 가지 요인(X)만 비연속적으로 변화하는 상황을 찾아낸다.
  2. 경계선 부근에서 X 이외의 요인이 비연속적으로 변화하지 않는지 검증한다.

- RD디자인의 강점 :
  1. 가정이 성립하면 경계선 부근에서 RCT와 유사한 상황을 이용할 수 있다.
  2. 주요 결과를 그래프로 나타냄으로써 이해하기 쉬운 투명한 분석이 가능하다.
  3. 다양한 상황과 장소에 걸쳐 경계선이 존재하므로 RCT를 대체하는 효과적인 분석 기법이다.

- RD디자인의 약점 :
  1. RD디자인의 가정이 성립할 것이라는 근거를 제시할 수는 있지만 실제로 성립한다는 것을 입증할 수는 없다. 이는 RCT와 비교했을 때 큰 약점이다.
  2. RCT는 실험 참가자 전체에 대한 인과관계를 보여주는 반면 RD디자인은 경계선 부근의 데이터에 대한 인과관계만 보여준다.

규제 때문에 자동차가
무거워졌다고?

: 계단식 변화가 있는 곳엔 집군분석

RCT가 불가능할 경우에는
또 다른 자연실험 기법인
집군분석을 활용한다.
이 장에서는
구체적인 사례를 통해
집군분석에 대해 알아본다.

자동차에 대한 연비 규제는 차가 클수록 완화된다?

많은 경제적 유인(incentive, 상품의 가격이나 할인, 소득세 등의 세금, 정부 보조금)이 계단식으로 설계된다. 예를 들어 일본의 소득세율은 수입이 많을수록 계단식으로 인상되는 구조다(표 4-1). 이런 계단식 변화

표 4-1

일본의 소득세율

이 그래프는 2016년 현재 일본의 소득세율을 나타낸다. 한계세율이란 추가적인 소득에 적용되는 세율을 가리킨다. 예를 들어 어떤 사람의 소득이 300만 엔이라면 그중 195만 엔까지는 5퍼센트의 세율이 적용되고 195만 엔부터 300만 엔까지는 10퍼센트의 세율이 적용된다.

는 일정 정도의 집합군을 만들어낸다. 이 집합군 사이의 관계를 통해 인과관계를 밝혀내는 것이 바로 '집군분석'이다. 캘리포니아대학교 버클리 캠퍼스의 이매뉴얼 사에즈(Emmanuel Saez)가 박사 학위 논문에서 제안한 방법으로(Saez, 1999·2010) 최근 많이 이용되고 있다.

많은 나라가 지구온난화 대책으로 자동차 연비를 규제하고 있다. 목표 연비를 설정한 다음 목표 달성 여부에 따라 보조금을 주거나 벌금을 부과하는 식이다.

각국의 연비 규제를 살펴보면 흥미로운 점을 발견할 수 있다. 예를 들어 [표 4-2]는 2012년에 개정된 미국의 연비 규제(Corporate Average Fuel Economy, CAFE)를 그래프로 나타낸 것이다. 그래프를 보면 미국의 연비 규제는 자동차가 클수록 완화된다. 즉 작은 차일수록 연비 규제치가 높고 큰 차일수록 규제치가 낮다.

물론 정책 담당자는 모든 자동차의 연비 향상을 목표로 한다. 말하자면 모든 자동차가 그래프 위쪽으로 이동해주기를 바란다.

하지만 잠깐 생각해보자. 각각의 자동차는 위로 이동할 수도 있지만 오른쪽으로 이동할 수도 있다. 다시 말해 연비를 향상시키는 대신 차의 크기를 키움으로써 규제를 뛰어넘을 수 있다. 경제학 이론상 이런 기업 행동이 예측되지만 실제로도 연비 정책이 차의 크기를 키우게 될까? 또한 데이터 분석으로 연비 정책(X)이 차의 크기(Y)에 영향을 주었다는 인과관계를 밝힐 수 있을까?

표 4-2

미국의 자동차 연비 규제

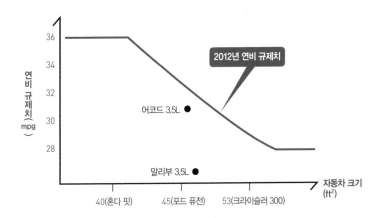

미국의 경우 자동차가 클수록 연비 규제치가 낮아진다.

출처: 이토와 살리의 논문(2018)에 실린 그래프를 바탕으로 필자가 작성

계단식 인센티브를 부여하는 연비 정책

필자와 캘리포니아대학교 버클리캠퍼스의 제임스 살리(James Sallee)는 일본의 연비 정책에 주목했다(Ito and Sallee, 2018). 우선 일본

은 미국에 앞서 1970년대부터 연비 정책을 도입했기 때문에 장기간의 데이터가 쌓여 있었다. 또한 [표 4-3]과 같은 계단식 인센티브가 데이터 분석에 효과적이었다.

일본의 연비 정책은 미국의 연비 정책과 흡사하지만 두 가지가 다르다. 첫 번째, 자동차의 무게에 따라 규제치가 정해졌다. 즉 가벼운 차일수록 엄격한 규제치를 만족시켜야 하고 무거운 차일수록

표 4-3

일본의 연비 규제

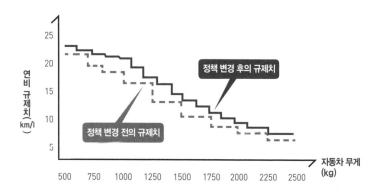

일본에서는 자동차가 무거울수록 연비 규제가 완화된다.

출처: 이토와 살리의 논문(2018)에 실린 그래프를 바탕으로 필자가 작성

규제치가 완화된다. 두 번째, 일본의 정책에서는 규제치가 계단식으로 변한다.

일본의 계단식 정책은 자동차 회사의 행동 분석에 크게 도움이 된다. 예를 들어 어느 자동차가 계단의 끝부분에 걸려 있다고 하자. 그러면 무게를 조금 늘리면 한 계단 아래로 이동할 수 있다. 다시 말해 무게를 늘림으로써 규제치가 완화되는 이점을 누릴 수 있다.

기업이 이런 연비 정책의 인센티브에 반응하여 실제로 차량의 무게를 늘렸다면 시장에 풀린 자동차의 히스토그램(도수분포도)을 그렸을 경우 각 계단의 경계 왼쪽에 차들이 모여 있을 것이다.

이 가설을 확인하기 위해 우리는 일본 국토교통성이 공개한 '자동차 연비 일람'을 분석했다. 그 결과가 [표 4-4]의 히스토그램이다. [표 4-4]의 ①은 2001년부터 2008년까지 판매된 자동차의 히스토그램이고 ②는 2009년부터 2013년까지 판매된 자동차의 히스토그램이다. 예측대로 많은 차가 각 계단의 경계 왼쪽에 모여 있다. 즉 자동차의 무게에 따라 연비 규제가 완화된다는 점을 파악한 기업들이 자동차의 무게를 조금씩 늘렸다는 사실이 데이터로 드러난 것이다.

정책 변경 전후의 변화를 보면 더욱 설득력 있는 결과가 나온다. 정책 변경에 따라 계단의 모양이 바뀌고 분포가 집적하는 지점도 변한다. 자동차 회사가 규제에 따른 인센티브에 합리적으로 반응한 것이다.

표 4-4

① 2001년부터 2008년까지 연비 규제치와 자동차의 분포

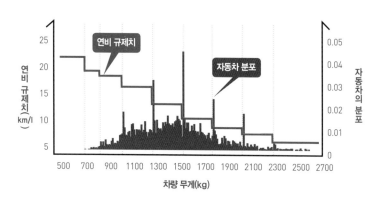

② 2009년부터 2013년까지 연비 규제치와 자동차의 분포

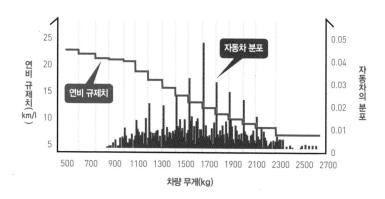

출처: 이토와 살리의 논문(2018)에 실린 그래프를 바탕으로 필자가 작성

집군분석과 RD디자인의 차이

집군분석으로 밝힐 수 있는 인과관계는 RD디자인과는 크게 다르다.

RD디자인에서는 대상이 그래프의 가로축 변수를 조작할 수 없다고 가정했다. 3장에서 다룬 의료비 본인부담금의 사례를 보자. 가로축은 환자의 나이였다. 의료기관에서는 나이를 속일 수 없기 때문에 '환자는 그래프 가로축의 변수인 나이를 조작할 수 없다'는 가정이 성립했다.

반면 집군분석은 대상이 그래프 가로축의 변수를 조작할 수 있는 상황에 적용된다. 자동차 사례에서는 분석 대상이 자동차이고 그래프 가로축의 변수는 자동차의 무게였다. 우리가 알고 싶은 것은 연비 정책의 인센티브에 반응해서 자동차의 무게가 어떻게 바뀌는가다. 즉 가로축 변수의 움직임에 관심이 있다. 이 점이 가로축 변수를 조작할 수 없는 상황에 적용되는 RD디자인 분석과 크게 다르다.

집군분석을 정확히 설명하려면 수학이 필요하지만 여기서는 간단하게 그래프로 설명한다. 대신 정확성이 조금 떨어질 수 있다. 분석 방법을 정확하고 상세하게 알고 싶다면 필자와 살리의 논문(2018)이나 클레벤의 논문(Kleven, 2016)을 참고하기 바란다.

실제 일본의 연비 규제는 몇 단계로 구성되지만 여기서는 2단계로 구성된 가상의 연비 정책을 쉽고 간단하게 설명할 것이다. 특정 무게까지는 연비 규제가 엄격하지만 그 무게를 넘어서면 연비 규제가 완화되는 간단한 정책을 생각해보자. 그러면 연비 규제치는 [표 4-5]처럼 2단계의 계단 모양이 된다.

[표 4-6]은 집군분석의 사고방식을 나타낸 것이다. 먼저 점선은 연비 규제가 계단식으로 변화하지 않을 경우의 자동차 분포다. 계단식으로 바뀌는 인센티브가 존재하지 않기 때문에 집적 없이 매끈한 분포도를 보일 것으로 예상된다. 단, 점선은 어디까지나 가상의 분포도이므로 데이터로는 관측되지 않는다. 이 점에 대해서는 잠시 후에 설명한다.

한편 실선은 실제 데이터로 관측 가능한 분포, 즉 연비 규제가 계단식으로 바뀔 때의 자동차 분포다. 그래프 왼쪽에 있는 자동차는 무게를 늘려서 그래프 오른쪽으로 옮겨감으로써 완화된 연비 규제를 적용받을 수 있다. 따라서 약간의 무게 차이로 엄격한 규제를 적용받는 자동차는 집적이 일어나는 지점까지 무게를 늘릴 인센티브가 있다.

따라서 규제가 바뀌는 지점에는 무게별 연비 규제에 반응해서 무게를 늘린 자동차들이 잔뜩 몰려 있다. 이 자동차들이 그래프의 어느 지점에서 이동해왔는지 통계적 추정이 가능하며, 평균적으로

표 4-5

2단계의 연비 규제 정책

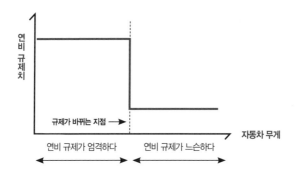

표 4-6

집군분석의 사고방식

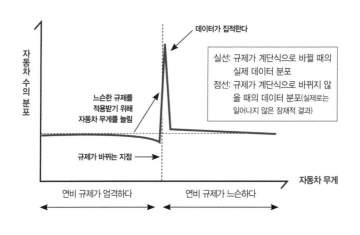

무게를 얼마나 늘렸는지도 측정할 수 있다. 즉 집군분석을 통해 무게에 따른 연비 규제(X)가 자동차 무게(Y)에 어떤 영향을 미치는지 인과관계를 밝힐 수 있다.

집군분석에 필요한 가정

집군분석에는 다음과 같은 가정이 필요하다.

집군분석의 가정

만약 연비 규제치(X)가 계단식으로 바뀌지 않는다면 자동차 무게(Y)의 분포는 [표 4-6]의 점선처럼 매끈하고(연속적이고) 집적하지 않는다.

RD디자인이 가정과 마찬가지로 집군분석의 가정도 완전하게 입증되지 않는다. 현실 세계에는 무게에 따라 계단식으로 변화하는 연비 규제가 존재하므로 그 규제가 없었을 경우의 데이터는 세상에 존재하지 않기 때문이다. 그래서 데이터 분석자는 자신의 가정이 성립할 것이라는 증거를 최대한 열거하는 수밖에 없다. 예를 들어 자동차 사례에서는 [표 4-4]의 데이터 분포를 보고 세 가지를 알 수 있다.

첫째, 연비 규제치가 변화하는 경계점 이외의 지점에서는 자동차의 분포가 전체적으로 매끈하다. 만약 분포가 매끄럽지 않다면 연비 규제치가 변화하는 경계점에서 발생하는 집적은 연비 규제 이외의 변수에 의한 것일지 모른다는 비판이 성립한다. 그래프에서 집적이 일어나는 지점은 연비 규제치가 변화하는 경계점뿐이므로 이런 집적이 우연이나 다른 변수에 의한 것이라고는 생각하기 어렵다.

둘째, 자동차 무게를 기준으로 삼는 정책은 연비 규제 정책뿐이다. 예를 들어 같은 경계점에서 자동차 취득세도 비연속적으로 변화한다고 하자. 그러면 집적이 연비 규제에 대한 반응이었는지, 세금에 대한 반응이었는지 판별할 수 없다. 그러나 이 경계점은 연비 규제 정책에 따른 것이고 다른 정책과는 관계가 없으므로 이런 염려는 말끔히 떨쳐낼 수 있다.

셋째, [표 4-4]의 두 히스토그램을 비교해보면 연비 규제치에 따라 집적의 위치가 변화하는 것을 알 수 있다. 두 히스토그램은 연비 규제 경계점에 데이터가 집적하는 것은 우연이 아닐 것이라는 추가적인 증거를 제시하고 있다. 또 규제 변경 전의 그래프와 비교해보면 규제 변경 후에 경계점의 분포가 매끈해졌음을 알 수 있다.

이러한 정보들을 통해 집군분석에 필요한 가정이 성립할 가능성이 높음을 알 수 있다. 그러나 RD디자인의 가정과 마찬가지로 집군분석의 가정도 완전하게 입증되지 않는다. 앞 장에서 강조했듯이 이 점이 RCT와 자연실험의 차이점이다.

분석 결과 | 연비 규제가 자동차 무게를 늘렸다!

우리는 집군분석을 통해 연비 규제 정책이 자동차의 무게에 어떤 영향을 미쳤는지 분석했다. 먼저 [표 4-4]에서 얼마나 많은 차가 경계점 부근에 집적하고 있는지를 추정하고 각각의 경계점에서 자동차의 무게가 얼마나 늘었는지 계산했다. 그 결과 시장에 풀린 자동차의 약 10퍼센트가 평균 110킬로그램 정도 무게가 늘었다는 사실이 밝혀졌다.

그러면 예기치 못한 정책 효과인 자동차의 무게 증가가 사회적으로는 어떤 효과를 가져왔을까? 자동차의 무게 증가에 따른 사회적 비용은 세 가지로 정리된다.

첫째, 자동차의 무게 증가로 처음 예상했던 만큼의 정책 효과가 나타나지 않았다. 자동차 연비는 기술적인 이유로 차량이 무거울수록 떨어진다. 아이러니하게도 연비 향상 정책이 오히려 자동차의 무게를 증가시킬 인센티브를 만들어내는 바람에 연비 향상을 억제해버린 것이다. 이런 '의도하지 않았던 결과(unintended consequence)'

를 데이터로 보여주는 것이 미래의 정책 입안에도 매우 유용하다.

둘째, 규제의 영향으로 실제 자동차의 무게는 시장에서 정해진 적절한 무게와 괴리를 보인다. 이 때문에 경제학 용어로 사중손실(deadweight loss)이라고 하는, 사회적 비효율성이 발생하게 된다.

셋째, 자동차 무게가 늘어나면 안전성도 저하된다. 자동차의 무게가 늘어나면 자동차 자체의 안전성은 높아지지만 상대 차량 운전자와 보행자의 사망률은 통계적으로 유의미하게 높아진다는 사실이 최신 경제학 연구로 밝혀졌다(Anderson and Auffhammer, 2014).

우리는 집군분석을 통해 위의 세 가지 사회적 비용을 계산했다. 그 결과 세 번째 안전성과 관련해서만 연간 약 1000억 엔의 사회적 손실이 발생했다.

집군분석의 강점과 약점

RCT와 비교할 때 집군분석의 강점과 약점은 무엇일까? 집군분석은 RD디자인과 강점 및 약점을 많이 공유한다.

먼저 집군분석의 약점은 경계점 부근에서 계단식 인센티브의 영향을 받는 대상에 대한 인과관계만 밝혀준다는 점이다. [표 4-5]의 2단계 연비 규제 정책을 생각해보자.

이 단순한 정책을 집군분석해보면 경계점 왼쪽에 있는 자동차에 대한 인과관계만 알아낼 수 있다. 예를 들어 데이터 분석자가 진짜 관심을 가진 것은 매우 무거운 차(그래프의 오른쪽에 위치하는 차)라고 하자. 안타깝게도 이 집군분석으로는 그래프 오른쪽의 자동차에 대한 인과관계는 알 수 없다. 그런 면에서 [표 4-4]에 소개된 실제 일본의 연비 규제 정책에 대한 집군분석이 탁월하다. 자동차의 무게에 따라 계단식 인센티브가 제공되기 때문에 무게가 가벼운 차부터 평균적인 차, 무거운 차에 이르기까지 모든 차에 대한 규제의 영향을 조사할 수 있었다.

한편 RD디자인과 마찬가지로 집군분석은 RCT를 실시하지 않고도 RCT와 가까운 상황을 만들어낼 수 있다는 점이 강점이다. 집군분석이 가능한 상황은 다양하다. 여기서는 계단식 연비 규제 정책이라는 사례를 살펴보았다. 하지만 집군분석을 적용할 수 있는 사례는 연비 규제 정책 외에도 광범위하다.

지금부터 계단식 소득세율에 대한 집군분석을 살펴보자.

소득세의 세율이 노동 방식에 영향을 미칠까?

집군분석의 또 다른 사례로 스탠퍼드대학의 라즈 체티(Raj Chetty)가 실시했던, 소득세와 노동 공급에 대한 분석을 살펴보자(Chetty, Friedman, Olsen, and Pistaferri, 2011).

[표 4-7]에서 보듯 덴마크는 소득세에 대해 누진과세제도를 채택

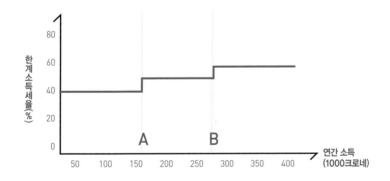

표 4-7

2000년 덴마크의 한계소득세율

출처: 체티, 프리드먼, 올센, 피스타페리의 논문(2011)에
나오는 그래프를 바탕으로 필자가 작성

하고 있다. 소득이 일정 금액을 넘으면 한계세율(수입 1단위에 대해 지불하는 세율)이 인상되는 구조다. 2000년 덴마크의 소득세율은 소득이 A 미만이면 약 45퍼센트, A에서 B 구간이면 약 56퍼센트, B 이상이면 약 63퍼센트였다.

공공경제학과 노동경제학 분야에서는 소득세 인상이 노동 의욕 저하와 노동 공급 감소로 이어지는지를 오랫동안 연구해왔다. 그만큼 소득세율(X)이 노동시간이나 노동소득(Y)에 미치는 영향은 세율 결정에 중요한 역할을 한다. 체티를 비롯한 연구진은 계단식의 소득세율을 이용해서 데이터를 분석하기로 했다. 납세자가 한계세율이 오르는 지점을 알고 있고, 세율이 노동 의욕을 떨어뜨리는 효과가 있다면 한계세율이 오르는 경계점에서 데이터 집적이 일어날 것이기 때문이다. 그들은 덴마크 통계국이 보관하고 있는 전 인구의 납세 데이터를 활용했다. 덴마크 통계국은 1994년부터 2001년까지의 납세 데이터를 99퍼센트 제공했다. 데이터 수로는 약 3000만 개에 이르렀다.

안타깝게도 일본은 정부 통계를 제대로 이용하지 못하고 있다. 반면 덴마크를 비롯한 다른 나라들은 데이터를 엄밀하게 관리하면서 정책 결정에 도움이 되는 연구에 제공해준다. 이렇게 정부 통계를 제대로 활용하는 것도 일종의 정보통신 혁명이다.

먼저 자영업자를 제외한 급여소득자만 분석한 [표 4-8]을 살펴보

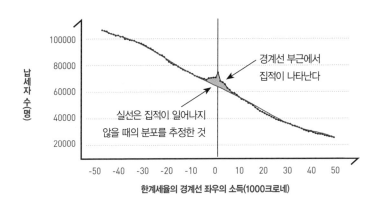

표 4-8

급여소득자의 소득 분포

출처: 체티, 프리드먼, 올센, 피스타페리의 논문(2011)에 나오는 그래프를 바탕으로 필자가 작성

자. 가로축은 한계세율이 최대치로 오르는 경계점을 기준(0)으로 하여 소득액을 나타내고 있다. 세로축은 히스토그램이다. 그래프를 보면 0의 경계선 주변에서 집적이 일어나고 있다.

납세자들이 완전히 합리적이라면 한계세율이 낮은 경계선 왼쪽에만 집적이 집중될 것이다. 하지만 급여소득자의 경우 노동소득을 100퍼센트 유연하게 변화시킬 수 없으므로 경계선 좌우로 집적이 발생한다.

연구자들은 직종별로 흥미로운 분석 결과를 내놓았다. 교사와 군인을 비교한 [표 4-9]를 보자. 교사의 급료는 교직원조합과 학교 측의 교섭으로 정해지며, 교직원조합은 한계세율이 바뀌는 지점을 잘 알고 있다. 그래서 경계선 부근에서 대규모 집적이 나타난다. 하지만 군인의 경우에는 집적이 전혀 나타나지 않는다. 군대의 경우 급여가 고정적인 데다 유연하게 노동시간을 바꾸어 소득을 조절할 수도 없기 때문이다.

마지막으로 [표 4-10]은 자영업자를 대상으로 집군분석을 실시한 결과다. 자영업자는 경계선(엄밀하게는 경계선의 왼쪽)에 집중되어 있다. 자영업자는 노동시간뿐만 아니라 수입까지 조절하여 절세 대책을 마련할 수 있기 때문이다.

논문에는 소득세율(X)이 노동소득(Y)에 미친 영향이 분석되어 있다. 분석 결과 소득세율에 대한 소득탄력성(세율이 1퍼센트 바뀌면 소득은 몇 퍼센트 변화하는가)은 급여소득자가 0.02, 자영업자가 0.24였다. 둘 다 경제학자나 정책 담당자가 예측했던 것보다 작은 수치였다.

연구자들은 이렇게 주장했다.

"덴마크에서는 납세자가 소득세율에 대해 합리적으로 반응하려고 해도 노동시간이나 노동 소득을 바꾸는 데는 큰 조정 비용(adjustment cost)이 든다. 그래서 경제학 이론과는 달리 소득세에 대한 반응이 나타나지 않는 것일지도 모른다."

표 4-9

교사와 군인의 소득 분포

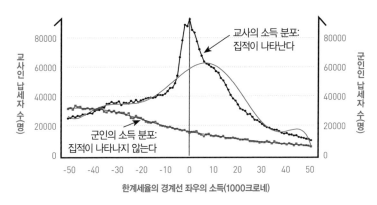

출처: 체티, 프리드먼, 올센, 피스타페리의 논문(2011)에 나오는 그래프를 바탕으로 필자가 작성

표 4-10

자영업자의 소득 분포

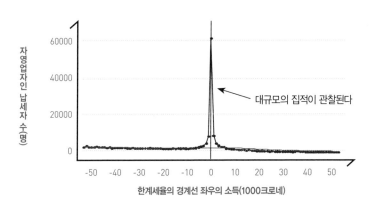

출처: 체티, 프리드먼, 올센, 피스타페리의 논문(2011)에 나오는 그래프를 바탕으로 필자가 작성

이와 관련된 논의는 지금도 계속되고 있다. 이 연구는 매우 풍부한 납세자 데이터와 집군분석으로 설득력 있는 분석 결과를 내놓음으로써 전 세계 정부의 정책 형성에 큰 영향을 주었다.

■ **SUMMARY** ■

- 집군분석은 계단식 변화를 이용하여 인과관계를 밝혀낸다.

....

- 집군분석의 원칙 :
  1. 계단식 인센티브를 분석에 이용할 수 있는지 확인한다.
  2. 분석하고 싶은 변수(X)만 계단식으로 변한다. 다른 변수는 계단의 경계점 부근에서 비연속적으로 변화하지 않는다.
  3. 인센티브가 크게 바뀌는 경계선에서의 데이터 집적을 분석함으로써 개인이나 기업이 인센티브의 변화에 어떻게 반응했는지 인과관계를 검증한다.

....

- 집군분석의 강점 :
  1. 분석에 필요한 가정이 성립하면 경계선 부근에서 마치 RCT가 실시된 듯한 상황을 이용할 수 있다.
  2. 결과를 그래프로 보여줌으로써 투명한 분석이 가능하다.
  3. 계단식으로 인센티브가 변화하는 상황은 다양하다. RCT가 불가능할 경우 유용한 분석 기법이다.

....

- 집군분석의 약점 :
  1. 분석에 필요한 가정이 성립할 것이라는 근거를 제시할 수는 있지만 입증할 수는 없다. RCT에 비해 큰 약점이다.
  2. 계단식 인센티브에 반응한 대상(집적한 대상)에 대해서만 인과관계를 분석할 수 있다. 그 때문에 실험 참가자 전체에 대한 인과관계를 분석할 수 있는 RCT에 비해 유용성이 떨어질 때도 있다.

세금을 내리면 이민자가 늘어날까

: 시간의 흐름에 따른 패널 데이터 분석

RD디자인과 집군분석은
자연실험을 이용한 방법들 가운데서도
매우 강력한 기법이다.
그러나 적절한 경계선이 없으면
사용할 수가 없다.
그래서 이 장에서는 조금 다른 각도에서
접근하는 '패널 데이터 분석'을 소개한다.
구체적인 사례를 통해
패널 데이터 분석에 대해 알아보자.

소득세의 차이가 이민에 영향을 미칠까?

이 장에서 먼저 알아야 할 개념은 '패널 데이터'이다. 패널 데이터란 복수의 집단에 대해 복수의 기간에 걸쳐 수집한 데이터를 가리킨다. 이를테면 한 개인의 월간 전력 소비량을 복수의 기간 동안 관측하거나, 여러 기업의 재무 데이터를 복수의 기간 동안 관측하거나, 지역별 부동산 데이터를 몇 년간 관측하는 것이 여기에 해당한다.

그럼 이 데이터를 어떻게 분석할까? 여기에서는 소득세율과 관련된 사례를 통해 설명하려 한다. 소득세율은 나라마다 매우 다르다. 특히 자산가나 경영인 또는 운동선수 같은 초고소득자에게 높은 소득세를 부과하느냐, 일반 소득자와 비슷한 소득세를 부과하느냐는 나라에 따라, 지자체에 따라 달라진다. 그런데 소득세의 차이가 이민에까지 영향을 줄까? 유럽처럼 나라를 넘나드는 이주가 빈번한 지역에서는 매우 중요한 문제다. 이를테면 각국은 높은 소득세를 부과해 세수를 올리고 싶어 하지만 그렇게 했다가는 우수한 노동자가 국외로 빠져나가 국익을 해칠지 모른다.

런던정치경제대학의 헨리크 클레벤(Henrik Kleven)과 카미유 랑데(Camille Landais), 캘리포니아대학 버클리캠퍼스의 이매뉴얼 사에즈 등은 각국의 소득세 정책이 고소득자(실업가, 변호사, 스포츠 선수 등)

의 이민에 어떤 영향을 미치는지 분석했다(Kleven, Landais, and Saez, 2013). 확실히 고소득자는 소득세율이 몇 퍼센트만 달라져도 실수령액이 크게 바뀐다. 하지만 정말로 소득세율(X)이 이민(Y)에까지 영향을 주고 있을까?

덴마크의 개인 납세 데이터를 이용한 연구

이 질문에 대한 해답을 얻기 위해 클레벤 교수팀은 덴마크의 세제 개혁에 주목했다. 덴마크의 경우 1991년 세제가 개혁되면서 연간 소득이 10만 3000크로네(약 1억 2000만 원) 이상인 외국인 노동자의 소득세가 대폭 줄어들었다. 정부는 이 새로운 정책으로 우수한 외국인 노동자를 유입시키려 했던 것이다. 한편 연간 소득이 10만 3000크로네 미만인 외국인 노동자의 소득세는 바뀌지 않았다. 클레벤 교수팀은 정책 변경의 영향을 받은 외국인 노동자(연간 소득이 10만 3000크로네 이상인 노동자)를 개입집단으로, 영향을 받지 않은 외국인 노동자를 비교집단으로 나누고 정책의 효과를 분석하기로 했다.

클레벤 교수팀은 덴마크 정부의 납세 데이터를 분석했다. 1980년 이후 모든 국민과 외국인의 개별 정보가 담긴, 매우 상세한 납세 데이터였다.

[표 5-1]은 납세 데이터를 토대로 작성한 그래프다. 이 그래프는 개입집단과 비교집단의 이민자 수가 1980년에 비해 얼마나 늘었는지를 보여준다. 이를테면 1980년부터 1990년까지 두 집단 모두 이민 증가율은 1에 가까웠다. 다시 말해 두 집단 모두 1980년에 비해 이민자 수가 그다지 바뀌지 않았다.

하지만 1991년을 경계로 두 집단의 움직임에 차이가 나타난다.

표 5-1

외국인 노동자 수의 증가(1980년 기준)

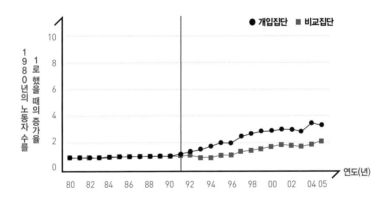

출처: 클레벤, 랑데, 사에즈의 논문(2013)에 나온 그래프를 바탕으로 필자가 작성

앞서 설명했듯이 덴마크에서는 1991년의 세제 개혁으로 연간 소득이 10만 3000크로네 이상인 외국인 노동자의 소득세가 대폭 낮아졌다. 반면 연간 소득이 10만 3000크로네 미만인 외국인 노동자의 소득세는 바뀌지 않았다. 이 정책이 도입된 1991년을 경계로 개입 집단의 이민자 수가 비교집단에 비해 크게 늘어났다. 1995년 개입 집단의 이민자 수는 1980년에 비해 2배 늘어났고 2005년에는 4배 가까이 늘어났다.

그러면 이상의 분석을 토대로 '소득세율이 이민에 영향을 미쳤다'는 인과관계를 주장할 수 있을까? 지금부터 패널 데이터 분석의 기본적인 사고방식과 가정에 대해 살펴보자.

패널 데이터 분석의 사고방식

패널 데이터 분석은 RCT가 불가능할 경우 사용할 수 있는 자연 실험 기법 중 하나이다. 예를 들어 정부가 어떤 정책을 실시하거나 기업이 어떤 프로젝트를 실행했을 경우 영향을 받은 집단과 받지 않은 집단이 있다고 하자. 덴마크의 세제 개혁이 연간 소득 10만 3000크로네 이상인 외국인 노동자에게만 영향을 주었던 것처럼 말이다. 또는 어떤 기업이 특정 시나 도에만 새로운 광고를 내고 다른 곳에는 내지 않거나 어떤 정책이 일부 지역에서만 실시되고 다른 지역에서는 실시되지 않은 상황도 생각해볼 수 있다. 이런 상황에서는 RCT같이 실험을 하지 않더라도 개입집단과 비교집단이 저절로 만들어진다. 개입 전후 두 집단의 데이터가 있으면 꽤 설득력 있게 인과관계를 분석할 수 있다는 것이 패널 데이터 분석의 기본적인 사고방식이다.

[표 5-2]를 통해 패널 데이터 분석을 좀 더 자세히 살펴보자. 2장과 마찬가지로 개입집단의 결과 평균값을 Y_T, 비교집단의 결과 평균값을 Y_C로 표기하자. 그리고 개입이 시작된 1991년 전후 복수 기간의 데이터를 수집했다고 하자. [표 5-2]는 Y_C와 Y_T의 연간 추이를 보여준다.

두 집단은 1991년 이전에는 같은 움직임을 보이다가 1991년 이후에는 매우 다른 움직임을 보인다. 이를 근거로 1991년의 세제 개혁(X)이 이민자 수(Y)에 영향을 주었다는 인과관계를 주장할 수 있다는 것이 패널 데이터 분석의 기본적인 사고방식이다.

그러면 [표 5-2]에서 개입 효과는 어떻게 계산할 수 있을까? 먼저 개입이 시작된 후의 Y_C와 Y_T를 보자. Y_T가 Y_C보다 크다. 하지만 개입이 시작되기 전에도 Y_T가 Y_C보다 컸다. 패널 데이터 분석에서는 '개입 후의 Y_T와 Y_C의 차'에서 '개입 전의 Y_T와 Y_C의 차(개입이 시작되기 전부터 존재했던 두 집단의 차)'를 빼서 개입 효과를 구한다.

표 5-2

패널 데이터 분석의 사고방식

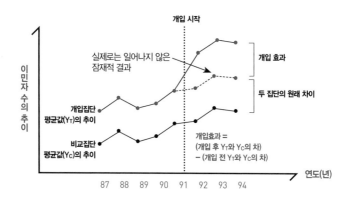

그래서 이 분석 방법은 이중차분법(difference in differences methods)이라고 불리기도 한다. 또는 시간에 따라 변하지 않는 고정적인 효과를 생략한다는 의미로 고정효과추정법(fixed effect estimation)이라고 불리기도 한다. 엄밀히 말하면 각각의 기법에 사소한 차이는 있지만 기본적인 사고방식은 같다. 또 통계학상으로는 '무작위 효과 추정'이라는 분석법도 있지만 여기에는 다른 패널 데이터 분석에 비해 강력한 가정이 필요하기 때문에 최근에는 잘 쓰이지 않는다. 그래서 이 책에서는 이중차분법이나 고정효과추정법에 근거한 패널 데이터 분석을 설명한다.

패널 데이터 분석에 필요한 평행 트렌드 가정

패널 데이터 분석에는 평행 트렌드 가정(parallel trend assumption)이 필요하다.

> **패널 데이터 분석의 가정**
> 만약 개입이 일어나지 않았다면 개입집단의 평균값(Y_T)과 비교집단의 평균값(Y_C)은 평행한 추이를 보인다(평행 트렌드 가정)

트렌드란 시간 변화에 따른 데이터의 움직임을 의미한다. 평행 트렌드란 시간 변화에 따른 두 집단의 데이터 움직임이 평행을 이룬다는 의미다. 그래야만 '개입'이라는 요소의 영향력이 입증되기 때문이다.

[표 5-2]는 평행 트렌드 가정이 깔끔하게 성립되는 상황을 보여준다. 점선은 개입(X)이 일어나지 않았을 경우 Y_T의 움직임이다. 그러나 RD디자인이나 집군분석과 마찬가지로 점선 부분은 개입이 일

어나지 않았을 때의 가상적 상황을 나타내기 때문에 실제 데이터로 관측하는 것은 불가능하다(실제로는 일어나지 않은 잠재적 결과). 평행 트렌드 가정을 데이터로 입증할 수가 없으므로 데이터 분석자는 이 가정이 성립하리라는 증거를 최대한 열거해야 한다.

데이터 분석자가 제공할 수 있는 정보

'평행 트렌드 가정은 성립할 것이다'는 주장을 펼치기 위해 분석자는 두 가지 일을 해야 한다.

첫째, 개입 이전의 데이터를 모아 개입집단과 비교집단 사이에 평행 트렌드 가정이 성립하는지 조사해야 한다. [표 5-1](클레벤 교수 팀의 연구를 토대로 작성)과 [표 5-2]를 보면 개입 이전에 개입집단과 비교집단 사이에 평행 트렌드 가정이 성립하고 있다. 물론 개입 전에 평행 트렌드 가정이 성립했더라도 개입 이후 어떤 일이 일어나 가정이 무너질 가능성이 있다. 그럼에도 개입 이전에 평행 트렌드 가정이 성립했다면 '이후에도 성립할 것'이라는 추정이 가능하다.

그러면 개입 전의 데이터 움직임이 [표 5-3]과 같았다면 어떨까? 이 그래프에서는 개입 전의 데이터 간에 평행 트렌드 가정이 성립하지 않는다. 즉 개입이 시작되기 전부터 개입집단과 비교집단의 데이터가 매우 다른 움직임을 보이고 있다. 이런 경우에는 개입 이후 두 집단의 움직임에 변화가 생겼더라도 그것이 개입의 영향인지, 아니면 원래의 움직임인지 식별할 수 없다. 당연히 설득력 있는 패널 데이터 분석도 어렵다.

둘째, 데이터 분석자는 개입 이후 개입집단에만 영향을 미친 다른 사건이나 변수가 없었는지 확인해야 한다. 예를 들어 클레벤 교

=== 표 5-3 ===

평행 트렌드 가정이 성립하지 않는 예

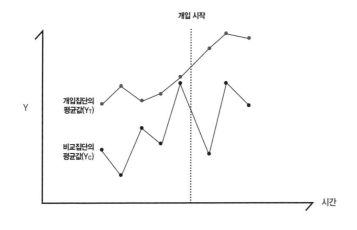

수팀은 1991년 세제 개혁이 진행된 시기에 개입집단에만 영향을 미친 다른 사건이나 변수가 없었는지 확인해야 한다. 1991년 이후 영국 정부가 고소득자(소득이 10만 3000크로네 이상인 사람들)를 대상으로 고액의 소득세를 도입했다고 하자(실제로 그런 일은 없었다). 그러면 [표 5-1]에 나타난 이민자 수의 변화는 덴마크의 세제 개혁 때문인지, 아니면 영국의 세제 개혁(이 경우 부유한 영국인들이 덴마크로 이주할 수도 있다) 때문인지 알 수가 없다.

단, 영국의 세제 개혁이 개입집단과 비교집단 양쪽에 똑같이 영향을 주었다면 문제가 되지 않는다. 두 집단에 똑같이 영향을 주는 요인을 공통 쇼크(common shock)라고 부른다. 즉 어떤 쇼크가 두 집단에 공통으로 일어났다면 문제가 되지 않는다는 뜻이다. 그러나 영국의 세제 개혁이 10만 3000크로네 이상의 소득을 올리는 사람만 대상으로 삼았다면 개입집단만 영향을 받기 때문에 클레벤 교수팀의 평행 트렌드 가정은 무너질 가능성이 있다.

평행 트렌드 가정은 어떤 때 무너질까?

평행 트렌드 가정이 무너지는 다른 사례를 생각해보자. 1장에서 다뤘던 아이스크림 신규 광고(X)와 매출(Y)을 예로 들어보자. 어느

해, 아이스크림 회사가 도쿄에서는 신규 광고를 하고 오사카에서는 하지 않았다고 하자. 이렇게 두 지역 간에 광고 집행 여부를 다르게 하면 도쿄를 개입집단으로, 오사카를 비교집단으로 하는 패널 데이터 분석이 가능할 듯하다.

이때는 만약 도쿄에서 신규 광고를 하지 않았다면 도쿄와 오사카의 아이스크림 판매 추이는 평행하게 움직였을 것이라는 평행 트렌드 가정이 필요하다. 가령 이 아이스크림 회사가 신규 광고와 동시에 도쿄에서만 가격을 인하했다고 하자. 그러면 평행 트렌드 가정은 거의 틀림없이 무너진다. 가격 인하의 영향으로 도쿄와 오사카의 아이스크림 판매 추이는 평행이 되지 않기 때문이다.

또 신규 광고 이후 도쿄에만 무더위가 닥쳤다면 어떨까? 이것도 평행 트렌드 가정을 무너뜨린다.

신규 광고를 내보낸 후에 전국에 무더위가 닥쳤다면 어떨까? 이때 '무더위가 아이스크림 판매에 미치는 영향은 전국적으로 동일하다'는 가정이 성립하면 괜찮다. 앞서 이야기했듯이 이것은 두 집단에 함께 닥친 공통 쇼크다. 공통 쇼크는 평행 트렌드 가정을 무너뜨리지 않는다.

패널 데이터 분석의 강점과 약점

평행 트렌드 가정만 성립한다면 패널 데이터 분석은 다양한 상황에 적용할 수 있다. 몇 가지 예를 생각해보자.

첫 번째는 앞서 살펴본 아이스크림 광고다. 어느 회사가 어느 해를 경계로 도쿄에서만 아이스크림 광고를 하고 오사카에서는 하지 않았다고 하자. 도쿄와 오사카의 아이스크림 판매 데이터를 모아 평행 트렌드 가정이 성립하면 광고(X)가 판매 수(Y)에 미친 인과관계를 분석할 수 있다.

두 번째로는 새로운 학교 교재(X)가 아이의 성적(Y)에 어떤 영향을 미치는지를 생각해보자. 어느 해를 기준으로 초등학교A에서는 교재를 채택하고 초등학교B에서는 채택하지 않았다고 하자. 두 학교의 성적 데이터를 모아 평행 트렌드 가정이 성립하면 교재(X)가 성적(Y)에 미친 인과관계를 분석할 수 있다. 이처럼 다양한 상황에 활용할 수 있다는 것이 패널 데이터 분석의 가장 큰 매력이다.

두 번째 매력은 평행 트렌드 가정이 지켜지는 한, 개입집단과 비교집단 간에 원래 차이가 있었어도 문제가 되지 않는다는 점이다. 두 집단의 차이를 분석하여 개입 이전의 원래 차이를 제거할 수 있기 때문이다.

[표 5-2]를 보면 개입 이전부터 개입집단의 이민자 수(Y_T)가 비교

집단의 이민자 수(Y_C)를 웃돌고 있었다. 두 집단 간에 이미 차이가 있었으므로 인과관계를 분석하기는 어렵다고 판단해버릴 수도 있다. 하지만 패널 데이터가 있고 평행 트렌드 가정도 성립한다면 인과관계 분석을 포기할 필요는 없다.

패널 데이터 분석의 세 번째 매력은 개입을 받은 모든 대상의 개입 효과에 대해 인과관계를 측정할 수 있다는 점이다. 3장과 4장에서 설명한 경계선을 활용하는 방법은 다양한 이점이 있지만 경계선 주변의 대상에 대한 개입 효과만 분석할 수 있다는 한계가 있었다. 하지만 패널 데이터 분석은 그렇지 않다.

패널 데이터 분석의 약점은 두 가지로 요약된다. 첫 번째, 평행 트렌드 가정은 많은 상황에서 성립하지 않는다는 점이다. 두 번째는 복수 기간에 걸쳐 개입집단과 비교집단의 데이터를 수집해야 한다는 점이다. 빅데이터가 등장한 오늘날, 이 점은 기술적으로 더 이상 큰 문제가 아니다. 하지만 데이터 분석자가 데이터 수집에 대한 이해가 부족하면 개입집단의 데이터만 수집하고 비교집단의 데이터는 수집하지 않거나 개입 이후의 데이터만 수집하고 개입 이전의 데이터는 수집하지 않는 일이 일어날 수 있다. 비즈니스 데이터에서건 정책 데이터에서건 빈번히 벌어지는 일이다.

이를테면 기업이 광고를 했을 때의 데이터나 정부가 보조금 정책을 실시했을 때의 데이터를 생각해보자. 패널 데이터 분석에는 광고가 나가지 않은 지역의 소비자나 보조금을 받지 않은 세대, 즉 비교집단의 데이터가 반드시 필요하다. 하지만 안타깝게도 민간 기업이나 정부 기관이 비교집단의 데이터는 수집하지 않는 일이 종종 벌어진다. 또 패널 데이터 분석에는 개입이 시작되기 전의 광고와 매출 또는 보조금 수급 상황과 그 결과에 대한 데이터도 필요하다. 이런 사실을 잊고 개입 후의 데이터만 수집하면 패널 데이터 분석을 실시하지 못하게 된다.

보조금 지급을 통한 경기 부양책은 효과가 있었을까?

패널 데이터 분석의 사례를 하나 더 소개한다. 2008년 세계 금융위기에 직면한 미국 정부는 경기를 부양하기 위해 연비가 낮은 차를 연비가 높은 차로 교체하면 4500달러의 보조금을 지급하는 중고차 보상 제도(Cash for Clunkers Program)를 시행했다. 정책을 평가할 때는 해당 정책이 정말로 경기를 부양했는지를 확인해야 한다.

프린스턴대학의 아티프 미안(Atif Mian)과 시카고대학의 아미르 수피(Amir Sufi)가 중고차 보상 제도에 대해 패널 데이터 분석을 실시했다(Mian and Sufi, 2012). 그들은 이 제도의 영향을 강하게 받은 지역을 개입집단으로, 그다지 영향을 받지 않은 지역을 비교집단으로 정했다.

[표 5-4]는 이 두 집단의 자동차 판매 추이를 보여준다. 그래프의
각 지점은 1년 전 같은 달의 판매 수와 비교한 것이다. 예를 들어
0.8은 전년 동월에 비해 0.8배가 팔렸다(판매량이 20퍼센트 줄었다)는 의
미다.

두 집단의 판매 추이는 보상 제도가 실시되기 전에는 같은 움직

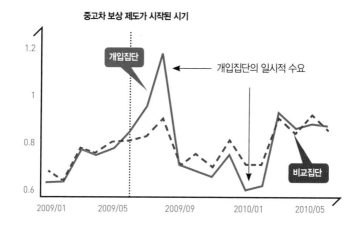

표 5-4

전년 동월 대비 자동차 판매 증가율

출처: 미안과 수피의 논문(2012)에 나온 그래프를 바탕으로 필자가 작성

임을 보였다. 두 교수는 개입 이전의 평행 트렌드를 근거로 패널 데이터 분석에 필요한 평행 트렌드 가정이 아마 성립할 것이라고 생각했다. 그리고 보상 제도가 시작된 6월부터 3개월 동안은 개입집단의 매출이 비교집단보다 늘었다.

하지만 그 후 몇 개월간 개입집단의 매출은 줄고, 오히려 비교집단의 매출이 크게 늘었다. 2010년 5월까지 늘어난 매출을 확인해본 결과 개입집단과 비교집단 사이에 통계적으로 유의미한 차이는 없었다. 두 교수는 '중고차 보상 제도는 일시적인 수요를 낳았을 뿐, 결과적으로는 수요의 총계를 증가시키지 않았다'고 결론 내렸다.

일본에서도 '에코 포인트 제도*'는 일시적인 수요만 진작시킬 뿐, 진짜 경기 부양책은 되지 못한다'는 비판이 있다. 그런데 미국에서 경제학자의 데이터 분석으로 그 사실이 입증된 것이다.

물론 미국의 결과가 일본에도 그대로 적용되느냐에는 논란의 여지가 있다. 일본의 에코 포인트 정책에 대해서도 똑같이 데이터를 수집해서 패널 데이터 분석을 실시할 수 있을 것이다. 그러면 미국과 같은 결과가 나오건 다른 결과가 나오건 매우 흥미로울뿐더러 각국의 정책 형성에도 큰 도움이 될 것이다.

◆　2009년 일본 정부가 내수 진작을 위해 절전형 가전 제품 구매 시 현금화할 수 있는 포인트를 적립해준 제도.

━━ S U M M A R Y ━━

■ 패널 데이터 분석을 이용하려면 복수의 집단에 대해 복수의 기간에 걸쳐 데이터를 수집할 수 있어야 한다.

....

■ 패널 데이터 분석의 원칙 :
　1. 개입을 전후해서 개입집단과 비교집단 양쪽의 데이터를 입수할 수 있는지 확인한다.
　2. 평행 트렌드 가정이 성립하는지 검증한다.
　3. 평행 트렌드 가정이 성립할 가능성이 높다면 두 집단의 평균값 추이를 그래프로 그림으로써 개입 효과의 평균값을 측정한다.

....

■ 패널 데이터 분석의 강점 :
　1. 필요한 데이터만 확보된다면 RD디자인이나 집군분석 이상으로 광범위하게 이용할 수 있다.
　2. 결과를 그래프로 보여줄 수 있어 쉽고 투명한 분석이 가능하다.
　3. 개입집단 전체에 대한 개입 효과를 분석할 수 있다. 분석 대상이 제한된 RD디자인이나 집군분석에 비해 강점이다.

....

■ 패널 데이터 분석의 약점 :
　1. 분석에 필요한 가정이 성립할 것이라는 근거를 제시할 수는 있지만 입증할 수는 없다. 이는 RCT와 비교했을 때 큰 약점이다.
　2. RD디자인이나 집군분석에 필요한 가정에 비해 평행 트렌드 가정은 매우 까다로운 가정이며 실제로는 성립하지 않는 경우도 많다.

6

구글은 41가지의 파란색을
고민했다

: 데이터는 어떻게 전략이 되는가

지금까지 인과관계를 밝히는
분석 방법으로서
RCT와 자연실험 기법을 설명해왔다.
그러면 어떻게 해야
이런 데이터 분석을 실무에
활용할 수 있을까?
미국을 비롯한 여러 국가에서는
이 책에 소개한 방법으로
데이터를 분석하여
비즈니스 전략이나 정책 형성에 활용한다.
이 장에서는 구체적인 사례를 통해
기업과 정부가 의사결정에
데이터 분석을 활용할 방법을 생각해본다.

구글이 고른 최고의 파란색은?

캘리포니아주 샌프란시스코 근교에 자리한 실리콘밸리에는 구글, 야후, 페이스북 등 일반인에게도 친숙한 IT기업들이 자리 잡고 있다. 2장에서 소개한 시로커처럼 미국 기업에서는 RCT 같은 데이터 분석 기법을 활용하여 비즈니스 전략을 세우는 것이 일반적이다.

야후의 최고경영자(CEO)였던 마리사 메이어(Marissa Mayer)도 구글에서 일할 당시 RCT를 실시했다(그녀가 실시한 RCT는 유명하다). 구글 같은 검색 엔진에서 무언가를 검색하면 한번에 훑어볼 수 있도록 검색 결과가 나열된다. 검색 엔진 회사는 검색 결과 페이지에 게재되는 광고로 수익을 올린다. 그렇기 때문에 얼마나 많은 사람이 검색 페이지를 방문하느냐, 그들이 어떤 확률로 광고를 클릭하느냐가 수입을 결정한다.

웹 광고 전략을 세우기 위해 메이어는 RCT로 최적의 웹사이트 디자인을 검토했다. 글자 레이아웃부터 표시되는 검색 결과 건수까지 다양한 문제가 검토되었다. 그중 유명한 것이 검색 결과로 표시되는 링크를 어떤 파란색으로 표시할 것인지를 결정하기 위한 실험이다. 일반인에게 파란색은 그저 파란색일 뿐이지만 웹사이트에 표시되는 파란색의 종류는 정말 다양하다. 메이어는 웹디자이너를 설득해서 41종류의 파란색을 RCT에 따라 실험해보았다.

메이어가 사용한 RCT 방법은 2장에서 소개한 오바마 캠프의 실험과 비슷하다. 구글을 이용한 사람들에게 41종류의 파란색 가운데 무작위로 뽑힌 파란색을 보여주고 어느 파란색을 가장 많이 클릭했는지 밝혀낸 것이다.

구글을 열어보자. 거기에 나오는 파란색은 아마 RCT를 통해 찾아낸 비즈니스 전략에서의 '최고의 파란색'일지 모른다. 혹시 구글이 더 나은 색을 찾기 위해 새롭게 RCT를 진행하고 있다면 지금 당신이 보고 있는 색은 실험용 색일 수도 있다(필자도 검색 결과가 검은색 문자로 나온 적이 있다).

미국 연방정부가 추진한 '근거 기반 정책 수립'

실리콘밸리에서 시작된 이와 같은 움직임은 세계 정치의 중심지인 워싱턴DC까지 번졌다. 오바마 전 대통령은 '근거 기반 정책 수립(evidence-based policymaking)'을 주장하며 정책 입안 방식을 바꾸려 했다.

오바마 전 대통령의 문제의식은 다음과 같았다. 정책 담당자는 정책에 얼마의 예산을 지출할 수 있는지, 즉 '지출의 크기'를 중심으로 정책을 입안한다. 그러나 앞으로는 정책이 얼마나 효과(고용 창출,

환경오염 개선 등)가 있는지, 즉 '정책 효과'를 잣대로 정책을 수립해야 한다. 이를 위해 2016년 오바마 정권하에서 새로운 법률이 제정되었다. 바로 '근거기반정책수립위원회 설치법(Evidence-Based Policymaking Commission Act of 2016)'이다.

이 법률은 오바마 전 대통령만이 아니라 민주당과 공화당의 공동 법안으로 성립되었다. 즉 근거에 기반한 정책이 당파를 초월한 정치적 흐름이 된 것이다. 이 흐름은 트럼프 정권에서도 지속될까? 혹시 가속되거나 감속될 가능성도 있을까? 필자의 동료인 시카고대학의 브루스 메이어(Bruce Meyer)를 비롯한 지식인들 사이에는 '증거 기반 정책 형성은 트럼프 정권하에서도 변하지 않을 것'이라는 견해가 일반적이다.

첫 번째 이유는 오바마가 정권을 잡기 전부터 이런 흐름이 미국 전역에서 진행되고 있었기 때문이다. 그랬기에 근거기반정책수립위원회에서도 이미 구체적인 계획들을 다양하게 내놓을 수 있었다. 두 번째 이유는 앞서 이야기한 대로 이 법안은 공화당과 민주당 양쪽의 지지를 얻은 법안이기 때문이다. 세 번째 이유는 트럼프 대통령 자신이 사업가 출신이고 '세금을 낭비시키는 정책을 축소하여 정책 효과가 있는 정책에 돈을 쓴다'는 발상은 비즈니스 세계에서는 당연한 것이기 때문이다.

하지만 지금까지 트럼프 대통령은 지식인들의 예상을 넘어서는 예기치 못한 결정을 잇달아 발표한 것도 사실이다. 그 점을 생각하면 증거에 근거한 정책으로 나아가던 흐름이 계속 이어질지는 불확실하다.

그러면 근거기반정책수립위원회에서는 구체적으로 어떤 일을 할까? 먼저 15명의 전문가가 위원으로 임명되었다. 하버드대학의 제프리 리브먼(Jeffrey Liebman), 시카고대학의 브루스 메이어 등 오랫동안 데이터를 이용한 경제 분석을 해오던 연구자들이 명단에 올랐다. 위원회는 특히 다음 두 가지를 중요한 목표로 삼았다.

① RCT(무작위비교시행) 같은 엄밀한 과학적 기법으로 정책이 평가되고 정책 효과의 인과관계가 데이터 분석으로 해명되는 구조를 만든다.
② 정부가 보유한 행정 데이터를 연구자가 이용하고 분석할 수 있는 체제를 정비한다.

첫 번째가 바로 이 책에서 다루는 내용이다. 오바마 전 대통령과 위원회는 '단순히 숫자나 데이터를 보여주는 것이 증거'는 아니라는 사고방식을 매우 중시했다. X라는 정책이 Y라는 결과에 어떤 영향을 미쳤는지 인과관계를 과학적으로 보여주는 데이터 분석이야말로 정책 형성에 필요하기 때문이다.

두 번째로 언급한 행정 데이터의 이용은 5장 덴마크의 사례에서도 말했듯이 자연실험 기법을 이용한 분석에 매우 중요하다. 2장에서는 인과관계를 밝히는 가장 좋은 방법인 RCT에 대해 설명했고 3장부터는 RCT가 불가능할 경우 사용할 수 있는 자연실험 방법에 대해 설명했다. 자연실험은 기존 데이터로 인과관계를 분석할 수 있다는 것이 강점이다.

그러나 분석자가 데이터에 접근할 수 있어야 분석이 가능하다. 그래서 근거기반정책수립위원회도 정부가 보유한 통계조사, 인구총조사 등의 행정 데이터에 분석자가 쉽게 접근할 수 있는 체제를 만들려고 했던 것이다.

데이터 분석의 성공 요건 1:
데이터 분석 전문가와 협력 관계를 구축한다

지금까지 살펴봤듯이 비즈니스 전략이나 정부의 정책 형성에서 데이터 분석에 근거하여 의사결정을 하는 흐름이 이어지고 있다. 그러면 기업이나 정부의 의사결정에 도움이 되도록 데이터 분석을 하려면 무엇이 필요할까? 각국의 성공 사례를 돌이켜보면 성공의 열쇠는 두 가지였다.

그중 첫 번째는 데이터 분석 전문가와 협력관계를 구축하는 것이다. 이 책에서는 데이터 분석을 통해 인과관계에 다가서는 방법을 설명하고 있지만 실제로 분석을 해보려면 전문적인 공부와 데이터 분석 경험이 필요하다.

데이터 분석이라고 하면 컴퓨터에 저장된 데이터를 이런저런 소프트웨어로 다루는, 좁은 의미의 기술로 착각하기 쉽다. 하지만 이 책에서 소개하듯이 데이터 분석은 그 의미가 훨씬 광범위하다. 예를 들어 문제의 답을 얻기 위해서는 어떤 RCT를 설계해야 하는지, RCT가 불가능할 때는 어떤 자연실험 기법을 적용해야 하는지, 어떤 데이터를 수집해야 하는지 같은 '컴퓨터에 데이터가 저장되기 이전의 단계까지 포함한 기술과 경험'이 중요하다.

기업이나 정부가 이런 기술과 경험을 갖춘 사람을 이미 확보하고 있거나 내부에서 육성할 수 있다면 조직 내부에 데이터 분석 전문 부서를 설치하는 것이 한 가지 해결책이다. 실제로 여러 기업이나 정부 기관이 이 방법을 채택하고 있다. 그러나 현실적으로는 이런 인재를 내부에 거느린 조직이 많지 않다. 그렇다면 외부의 대학이나 연구기관의 전문가 등과 협력하는 것이 현실적이고 효율적인 제2의 해결책이다.

데이터를 분석해본 경험이 없는 사람은 문제가 있어도 어디서부터 손을 대야 하는지 계속 헤매게 된다. 또 전문적인 지식이 없을 경우 잘못된 분석법을 사용할 가능성도 있다. 게다가 매일 업무에 시간을 빼앗기다 보면 스스로 분석하기가 쉽지 않다. 그런 의미에서 문제 파악, 데이터 검증, RCT나 자연실험의 설계, 분석과 프레젠테이션에 이르기까지 다방면에 도움을 줄 수 있는 데이터 분석 전문가와 협력 관계를 구축하는 것이 좋다.

한편 데이터 분석 전문가는 전문 지식을 제공할 수는 있지만 현장의 목소리나 문제를 체감하지는 못한다. 당연한 말이지만 책상 앞에 앉아 있기만 해서는 제대로 문제를 파악하지 못한다. 또 데이터 분석 전문가가 문제라고 생각한 것이 현장에서는 그다지 중요하지 않을 수도 있다. 따라서 데이터 분석 전문가가 제대로 분석을 하기 위해서라도 분석 결과를 이용하는 사람들과의 협력이 중요하다.

데이터 분석의 성공 요건 2:
데이터에 접근할 수 있는 길을 연다

성공의 두 번째 열쇠는 데이터에 접근하는 길을 최대한 열어두는 것이다. 미국 연방정부의 근거기반정책수립위원회는 과학적 데이터 분석을 진행한다는 목표와 함께 정부의 행정 데이터를 좀 더 쉽게 이용하게 한다는 목표를 내세우고 있다.

정부의 데이터든 기업의 데이터든 보안을 확보한 다음 분석자의 접근을 허용하는 것이 중요하다. 애초에 데이터에 접근할 길이 없다면 성공의 첫 번째 열쇠인 전문가와 정부 그리고 기업의 협력 관계가 만들어지지 않기 때문이다.

데이터에 대한 접근을 허용하고 정보를 공개하는 방법에는 여러 가지가 있다. 첫 번째 방법은 모든 사람에게 데이터를 공개하고 특별한 절차 없이 이용할 수 있게 하는 것이다. 미국 인구총조사 데이터 가운데 일부는 이런 방식으로 접근할 수 있다. 예를 들면 기본 정보(소득이나 교육 등)에 대한 수백 세대의 평균값이나 중간값을 웹사이트에서 간단하게 내려받을 수 있다. 하지만 일본의 인구총조사 데이터는 이런 식으로 공개되지 않는다.

필자가 연구에 이용한 적이 있는 스페인 전력 시장 데이터도 같은 예다. 스페인에서는 매 시간 각 발전소의 발전 상황과 도매 시장의 입찰 정보 등이 웹사이트에 공개된다. 일본의 전력 시장에서는 이런 정보가 공개되지 않는다. 이런 이유로 일본의 전력 시장에 대한 분석은 제대로 진행되지 않고 정책에 활용할 만한 분석 결과도 다른 나라에 비해 매우 적다.

두 번째 방법은 일정 절차를 거쳐 데이터에 접근하게 하는 것이다. 앞서 소개한 캘리포니아주 전력회사도 이런 방법으로 소비자들의 전력 사용량 데이터를 공개했다. 웹사이트에서 작성한 신청서가 허가를 받으면 데이터를 제공받을 수 있다. 이런 절차는 캘리포니아주의 3대 전력회사, 주정부, 연구기관(캘리포니아대학 등)의 협력하에 운영되고 있다.

미국 인구총조사의 개별 데이터(세대별 데이터)도 이런 방법으로 공개된다. 미국 각지에 있는 데이터 센터에서 엄격한 신청 절차를 거친 후에 개별 데이터를 이용할 수 있다. 보안상 개별 데이터는 데이터 센터 외부로 반출하지 못하지만 분석 결과가 기록된 표나 그래프는 반출할 수 있다.

세 번째 방법은 전문가에게만 데이터를 공개하는 것이다. 그다지 개방적이지 않은 방법이다. 처음부터 완전히 데이터를 공개하기 어려울 경우 우선 전문가에게 비밀을 엄수하겠다는 서약서를 쓰게 하고 제한된 용도로만 사용하게 하는 것이다.

이런 식으로 시작하여 서서히 문을 넓혀간 사례도 있다. 예를 들어 캘리포니아주의 전력 소비량 데이터도 처음에는 이런 식으로 공개하다가 두 번째 방법으로 옮겨갔다. 나중에 살펴보겠지만 우버(승객과 차량을 연결하는 플랫폼 서비스--옮긴이) 같은 기업도 자사의 데이터를 분석자에게 제공하는 제도를 마련하기는 했지만 현재는 신뢰할 만한 파트너하고만 데이터를 공유한다. 우버는 차차 광범위하게 데이터를 공개할 계획이다.

기업과의 협력 사례1 | 캘리포니아대학, 스탠퍼드대학과 대형 슈퍼마켓의 협력

이제부터는 기업과 전문가가 손잡은 실제 사례를 몇 가지 소개하고자 한다. 주로 필자가 소속되었던 캘리포니아대학이나 스탠퍼드대학 그리고 현재 소속된 시카고대학의 사례가 소개될 것이다. 필자가 관계자로서 자세한 내용을 알고 있는데다 다양한 실제 사례를 만들어내는 곳이 미국 대학들이기 때문이다. 처음 두 사례는 데이터 분석 전문가와 민간 기업이 협력한 사례다.

몇 년 전부터 일본에서는 상품에 소비세를 포함한 가격을 표시하는 것이 의무화되었다. 나라에 따라 세금이 포함된 가격을 표시하기도 하고 세금이 제외된 가격을 표시하기도 한다. 그러면 세금이 포함된 가격을 표시하는 경우 소비자의 구매 행동에 변화가 있었을까?

경제학 이론대로 소비자가 완전히 합리적이라면, 그리고 세금이 포함된 가격을 스스로 계산할 수 있다면 어떤 가격으로 표시하든 구매행동에는 영향이 없을 것이다. 계산대에서 지불하는 금액은 같기 때문이다. 그러나 계산 능력이 없거나 부족하다면 세금이 포함된 가격을 표시하는 것 자체가 구매행동에 영향을 미칠 가능성이 있다. 이는 세금을 연구하는 공공경제학계는 물론, 세제를 검토하는 정부 그리고 일용품이나 식료품 등을 판매하는 소매 기업에 매우 중요한 문제다.

스탠퍼드대학의 라즈 체티 연구팀은 답을 얻기 위해 대형 슈퍼마켓과 협력하여 RCT를 실시했다(Chetty, Looney and Kroft, 2009). 이 실험은 실험실이 아니라 실제 슈퍼마켓에서 실시되었다는 점에서 매우 혁신적이었다.

먼저 표본으로 뽑힌 점포를 무작위로 개입집단과 비교집단으로 나누었다. 또 개입집단에 판매되는 상품 중에 무작위로 뽑힌 상품군에만 세금이 포함된 가격을 표시했다. [표 6-1]에는 세금이 포함된 가격을 표시한 실험용 가격표가 나온다. RCT 결과 다음과 같은 인과관계가 밝혀졌다.

세금이 포함된 가격을 표시하면 세금이 제외된 가격을 표시했을 때보다 매출이 평균 8퍼센트 하락한다.

여기서 다시 강조하면 세금이 포함된 가격을 표시하든 세금이 제외된 가격을 표시하든 최종적으로 소비자가 계산대에서 지불하는 금액은 똑같다. 그런데도 세금이 포함된 가격을 표시했더니 매출이 8퍼센트나 떨어진 것이다.

흥미롭게도 당시 캘리포니아주의 소비세는 7.375퍼센트였다.

실험 결과 나타난 8퍼센트의 효과는 다음과 같이 해석할 수 있다. 즉 세금을 제외한 가격만 표시되었을 경우 소비자는 소비세를 거의 무시하고 상품 가격을 계산했다. 그래서 세금이 포함된 가격이 표시되자마자 세금만큼 가격이 오른 것처럼 소비행동을 바꾸었다.

이 분석 결과는 슈퍼마켓의 가격 전략은 물론, 각국의 조세 정책

═══════════════ 표 6-1 ═══════════════

슈퍼마켓에서 이루어진 RCT

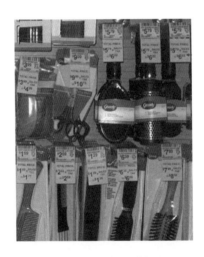

무작위로 뽑힌 슈퍼마켓의 상품에 세금이 포함된 가격이 표시된 가격표를 붙였다.

출처: 체티, 루니, 크로프트의 논문(2009)

에 큰 영향을 주었다. 또한 학술적으로 '소비자는 소비세 등의 비용을 완벽하게 계산한다'는 고전 경제학 이론의 근본적인 가정이 틀렸을 가능성이 지적되었다는 점에서 중요한 의미가 있었다.

기업과의 협력 사례 2 | 캘리포니아대학과 전력회사의 협력

앞의 사례처럼 기업과 전문가가 공동으로 RCT를 실시하는 것 외에도 다양한 협력 형태가 있다. 예를 들어 3장에서 소개한 지리적 경계선을 이용한 RD디자인은 캘리포니아대학 버클리캠퍼스의 연구팀과 캘리포니아주의 3대 전력회사가 협력한 사례다.

2007년 당시 대학원생이었던 필자를 포함하여 캘리포니아대학 버클리캠퍼스의 연구팀은 캘리포니아주 공공사업위원회(California Public Utilities Commission, CPUC)와 이야기를 나누다가 주의 정책이나 전력회사의 가격 설계에 도움을 주기 위해 전력 소비자의 소비행동을 분석해보기로 했다. 캘리포니아주 공공사업위원회는 캘리포니아주의 3대 전력회사(Pacific Gas & Electric, Southern California Edison, San Diego Gas & Electric)와의 협력하에 우리 연구팀에 데이터를 제공해주기로 했다. 단, 우리 연구팀은 데이터를 제공받기 전에 비밀 엄수 계약을 맺어야 했다. 3장에 소개한 내용은 일련의 연구 성과* 중 일부다.

우리 연구팀이 제공받은 캘리포니아주 전역의 세대별·월별 전력 소비량 데이터는 그때만 해도 유례를 찾아보기 힘든 규모와 정밀성을 갖추고 있었다. 특기할 만한 점은 이런 데이터가 지금껏 존재하지 않았던 것이 아니라 기업이나 공공기관 내부에 존재하는데도 데이터 분석에는 그다지 쓰이지 않았다는 사실이다. 이런 데이터를 행정 데이터 또는 경영 데이터(administrative data)라고 부른다. 그러나 이제는 빅데이터로 대변되는 정보통신 혁명 덕분에 행정 데이터와 경영 데이터의 유용성이 널리 인지되고 데이터베이스로서 정비되어가고 있다.

행정 데이터와 경영 데이터는 RCT를 실시할 예산이나 시간이 없을 때도 유익한 분석 결과를 내준다. 지금껏 설명했듯이 데이터 전문가는 자연실험 같은 분석 기법을 사용함으로써 데이터를 분석할 수 있다. 다만 이 과정에서 세대별 또는 기업별 등과 같이 정교하고 치밀한 데이터(통계학에서는 개별 데이터라고 부른다)를 이용할 수 있어야 하고 데이터 수도 풍부해야 한다.

예전에는 전력 소비량 데이터도 두 가지 가운데 하나였다. 하나

◆   이 데이터를 이용한 연구에 관심이 있다면 아룬루엥사왓과 오프해머(Aroonruengsawat and Auffhammer, 2011), 보렌스타인(Borenstein, 2012), 총(Chong, 2012), 이토(2014, 2015)의 논문을 읽어보기 바란다.

는 개별 데이터가 아니라 지자체별 평균값밖에 입수하지 못하는 경우다. 다른 하나는 매우 적은(예를 들면 몇백 세대) 수의 개별 데이터를 손에 넣는 경우다. 어느 경우든 데이터의 정밀도나 표본수에 한계가 있기 때문에 분석을 하기는 어려웠다. 그런 의미에서 전력회사가 캘리포니아대학 연구팀에 제공한 데이터는 새로운데다 정밀도나 표본수도 조건에 맞았기 때문에 3장에서 소개한 분석 기법을 활용할 수 있었다.

전력회사와 캘리포니아대학의 협력 관계는 한 단계 더 나아갔다. 이 프로젝트가 시작되었을 무렵에는 전력회사와 비밀 엄수 계약을 맺은 캘리포니아대학의 연구자들만 데이터를 이용할 수 있었다. 하지만 이제는 연구 목적의 데이터 이용은 인터넷상에서 신청할 수 있다. 비밀 엄수 의무나 엄격한 데이터 관리 같은 제약이 따르지만 지금껏 접근이 불가능했던 전력 소비량 데이터 등이 한층 광범위하게 공개되기 시작했다.

캘리포니아 전력회사와 오랜 기간 작업을 하면서 느낀 점이 있다. 꾸준히 서로 의논하고 대화하면 외부의 데이터 분석 전문가와 전력회사 양쪽에 유용한 협력 관계가 성립된다는 것이다. 전력회사 같은 대형 기업은 내부에도 데이터 전문가를 두는 경우가 많다. 그러나 내부 전문가들은 매일 분석 업무로 바빠서 아예 새로운 관점의 분석을 시도해볼 시간이 없다. 그런 만큼 외부 전문가에게 분석을 의뢰하면 새로운 지식과 견문을 얻을 수 있다.

캘리포니아에서 시작된 이러한 움직임은 미국 전역으로 퍼져가고 있다. 필자가 알기로는 벌써 몇십 개 주에서 전력회사, 가스회사, 수도회사 등과 연구자가 협력하고 있으며, 다양한 데이터 분석 결과가 기업의 경영과 정부의 정책 형성에 활용되고 있다.

기업과의 협력 사례 3 | 시카고대학과 우버의 협력

우버는 택시 기사가 아닌 일반 운전자의 택시 영업을 돕는 시스템을 운영하고 있다. 몇몇 나라에서는 우버를 '자가용 불법 택시'로 규정하고 규제 완화에 관한 논의를 계속 이어가고 있다. 그런데 우버 택시는 소비자에게는 매우 편리한 서비스다.◆

소비자는 스마트폰으로 운전자를 부를 수 있다. 또 신용카드를 미리 등록해두면 목적지에 도착했을 때 돈을 내지 않고 바로 하차할 수 있다. 또 운전자에 대한 엄격한 심사와 평가 제도를 도입하여 악질적인 자가용 불법 영업을 방지하고 있다.

◆　　일본의 택시는 대체적으로 서비스가 우수하기 때문에 우버를 도입해도 미국만큼 효과가 없을지도 모른다. 하지만 일반적으로 택시 기사의 운전이 거칠고 서비스도 좋지 않은 미국 같은 나라에서는 우버의 등장이 획기적이었다.

그렇다면 우버는 데이터 분석을 어떻게 활용하고 있을까? 우버는 사외의 데이터 분석 전문가와 매우 적극적으로 협력한다. 우선 데이터 분석팀을 이끄는 하버드대학 경제학 박사 출신인 조너선 홀(Jonathan Hall)이 외부 전문가 영입에 적극적이다. 얼마 전에 그는 시카고대학 강연에서 우버는 RCT에 적극적이므로 분석할 가치가 있는 기획이 있다면 언제든 찾아오라는 이야기도 했다. 여기에서는 시카고대학의 연구팀과 우버가 함께했던 데이터 분석을 소개한다. ◆

통상적으로 택시 요금은 규제를 받기 때문에 야간 요금 등을 제외하면 시간에 따라 요금이 바뀌지 않는다. 그러나 2장에서 다룬 전력 가격과 마찬가지로 경제학적으로는 택시 요금도 수요와 공급의 관계에 따라 변해야 한다는 주장이 있을 수 있다. 공급(운전자 수)에 비해 수요(이용자 수)가 적을 때는 가격이 내려가고 반대 경우에는 가격이 올라감으로써 수요와 공급의 균형을 잡는다는 발상이다.

실제로 우버는 도로에 나와 있는 운전자 수에 비해 이용자 수가 급증했을 때는 이용 가격을 올린다. 가격을 올림으로써 더 많은 운전자가 거리로 나오게 하려는 것이다. 공급이 얼마나 부족한가에 따라 가격이 평소의 1.2배, 1.5배, 2배로 올라간다. 한편 수요가 너

◆　이 연구는 조너선 홀과 시카고대학의 존 리스트(John List), 스티븐 레빗(Steven Levitt) 등이 함께했다(원 논문은 Cohen et al., 2016).

무 적을 때는 가격을 평소보다 낮춤으로써 이용을 부추긴다.

택시같이 소비자에게 서비스를 제공하는 기업에 매우 중요한 것이 수요곡선의 모양이다. 수요곡선은 가격 인상이나 하락에 따라 이용자 수가 얼마나 바뀌는지를 알려준다. 기업이 이익을 극대화하려면 수요곡선을 반드시 알아야 한다. 시카고대학의 연구팀과 우버는 데이터 분석으로 수요곡선을 추정하는 프로젝트를 시작했다. 여기서 중요한 점은 우버 소비자의 수요곡선을 찾는 것이 우버에게나 연구팀에게 대단히 흥미로운 문제였다는 사실이다.

우버 소비자는 스마트폰으로 운전자를 부른다. [표 6-2]처럼 소비자는 휴대전화의 지도를 보고 자신의 위치와 운전자들의 위치를 파악한다. 목적지를 입력하고 운전자를 부르면 요금이 표시된다. 이 순간 소비자는 표시된 요금으로 운전자를 부를지 말지 선택한다. 이 선택이 수요곡선을 추정하기 위한 단서다.

우버가 연구팀에 공개한 데이터는 각각의 소비자가 우버에 지불한 요금과 이용 상황에 관한 데이터였다. 그중 소비자가 요금 표시 화면을 보고 우버 택시를 이용할지 말지를 선택한 데이터가 특히 중요했다. 이를 통해 다음과 같은 사실을 분석할 수 있었다.

① 각 소비자의 휴대전화 화면에 표시된 가격

② 그 가격을 보고 소비자가 서비스를 이용했는지 이용하지 않았는지의 기록

수요곡선을 추정하는 가장 좋은 방법은 2장에서 소개한 RCT다. 그러나 연구팀은 RCT를 실시하지 않고도 '우버 소비자가 가격 변화

표 6-2

우버를 이용할 때의 스마트폰 화면

우버 택시를 부를 경우 소비자는 운전자의 위치를 지도상에서 확인할 수 있다(왼쪽). 가격 정보를 보고 서비스를 이용할지 말지를 선택할 수 있다(오른쪽). 위의 화면에는 '가격이 2배가 된다'고 표시되어 있다.

출전: 코언 등의 논문(Cohen et al.,2016)

에 어떻게 반응하는가'를 알아낼 수 있을 것이라고 생각했다.

우버는 운전자 수와 이용자 수를 실시간으로 확인함으로써 '수급핍박지수(surge generator)'를 계산한다. 이 지수가 클수록 거리에 나와 있는 운전자 수에 비해 이용자 수가 많다, 즉 수요가 공급을 초과하여 수급이 핍박한 상태다. 우버는 이 지수를 활용하여 다음과 같이 가격을 바꾼다.

① 핍박지수가 1.15보다 크고 1.25보다 작을 때는 가격을 1.2배로 한다.
② 핍박지수가 1.25보다 크고 1.35보다 작을 때는 가격을 1.3배로 한다.

핍박지수가 1.25를 넘지 않을 때의 가격은 1.2배다. 그러다 핍박지수가 1.25라는 경계점을 넘자마자 가격은 1.3배로 오른다.

그러면 이 상황에서 어떤 자연실험 기법을 이용할 수 있을까? 시카고대학 연구팀은 핍박지수를 잘 활용하면 3장에서 소개한 RD 디자인이 가능할지 모른다고 생각했다. 분석 결과의 일부가 [표 6-3]에 요약되어 있다. 가로축은 수요핍박지수를 나타낸다. 세로축은 우버 택시를 부르려고 했던 소비자 가운데 스마트폰에 가격이 표시된 이후 실제로 운전자를 부른 소비자의 비율을 나타낸다. 예를 들어 세로축의 0.58이라는 숫자는 가격이 표시된 후에 58퍼센트의 소비자가 실제로 운전자를 부르고 나머지 42퍼센트는 운전자를 부르

표 6-3

우버의 데이터를 이용한 RD디자인

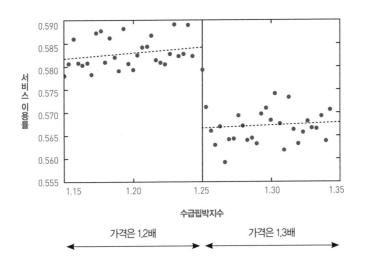

출처: 코언 등의 논문(2016)에 실린 그래프를 바탕으로 필자가 작성

지 않았다는 뜻이다.

[표 6-3]을 보면 가격이 1.2배에서 1.3배로 바뀌는 순간 이용률이 비연속적으로 떨어진다. 3장에 소개한 RD디자인에 필요한 가정이 성립한다면 다음과 같은 인과관계를 보여줄 수 있다.

가격이 1.2배에서 1.3배로 오르면 서비스 이용률은 약 0.58에서 0.565로 떨어진다.

가격이 오르면 이용자가 줄어든다는 것은 직관적으로도 알 수 있다. 하지만 '얼마나 줄어드는지'를 수치로 확인함으로써 우버는 효과적인 비즈니스 전략을 세울 수 있었다.

연구팀은 같은 방법으로 다양한 지점에서 가격 변화가 일어났을 때의 소비자 행동을 분석했다. 앞에서는 가격이 1.2배에서 1.3배로 오를 때의 소비자 행동을 분석했지만 다른 가격 변화 지점에도 똑같은 규칙이 적용되고 있었다.

예를 들면 다음과 같은 식이다.

③ 핍박지수가 1.35보다 크고 1.45보다 작을 때는 가격을 1.4배로 한다.

④ 핍박지수가 1.45보다 크고 1.55보다 작을 때는 가격을 1.5배로 한다.

연구팀은 RD디자인을 이용하여 가격 상승과 하락에 따른 이용률 변화를 추정했다. 분석 결과는 [표 6-4]에 정리되어 있다. 세로축은 가격을 나타낸다. 예를 들어 1.0은 통상 가격이다. 따라서 1.5는 통상 가격의 1.5배라는 의미다. 또 가로축은 소비량을 나타낸다. 즉 이 그래프는 경제학 교과서에 자주 나오는 수요곡선을 우버의 빅데이터를 활용하여 그린, 말하자면 사실적인 수요곡선이다.

수요곡선을 이렇게 정교하게 파악한다면 최적의 가격 설계 전략을 세울 수 있을 것이다. 또 연구자로서도 교과서에 나오는 가공의 수요곡선이 아니라 실제 수요곡선을 그릴 수가 있어서 학술적으로 의미가 있다.* 그런 의미에서 이 사례는 기업과 연구자 모두에

===== 표 6-4 =====

우버의 RCT로 밝혀진 수요곡선

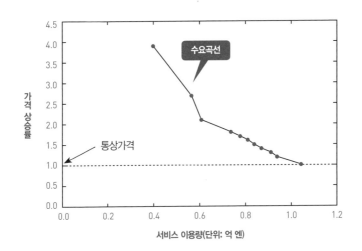

출전: 코언 등의 논문(2016)에 실린 그래프를 바탕으로 필자가 작성

게 의미 있는 데이터 분석 프로젝트였다.

| ## 시카고대학과 시카고시의 협력

지금까지는 기업과 데이터 분석자의 협력 사례를 살펴보았다. 이제 데이터 분석 전문가와 공공 기관(국가 등 각종 공공 단체)의 협력 사례를 소개한다. 첫 번째는 시카고대학 범죄연구소(University of Chicago Crime Lab)의 사례다. 필자의 동료인 옌스 루트비히(Jens Ludwig)가 이곳의 소장을 맡고 있다.

시카고는 관광지나 주택가 등은 안전하지만 예로부터 마피아가 장악한 지역도 있다. 그런 지역에서는 범죄율이 매우 높고 특히 청소년 범죄가 문제다. 시나 경찰로서는 범죄를 예방하는 것이 큰 과제다. 지금까지 범죄를 예방하는 방법으로 널리 인정받아온 것은 형벌이었다. 그러나 실제로는 형벌을 강화하는 것만으로는 범죄율이 그다지 내려가지 않고 오히려 시카고시의 재정만 압박받았다.

그래서 루트비히의 연구팀이 움직이기 시작했다. 연구팀은 형

◆　　필자가 생각하기에 단순히 수요곡선을 그리기만 해서는 학술적으로 새롭거나 특별한 점이 없지만 코언 등의 논문에서는 그밖에도 다양한 분석이 이루어지고 있다.

벌을 강화하는 대신 교육 프로그램을 제공함으로써 범죄를 억제할 수는 없을지 고민했다. 연구팀은 경제학, 교육학, 심리학을 응용해서 다양한 프로그램을 제안하고 시와 공동으로 RCT를 반복적으로 실시했다.

그중 한 가지 사례와 성과에 대해 설명하고자 한다. 일명 '남자가 되어라 프로그램(Becoming a Man Program)'이다. 여기서는 대략적으로만 소개하므로 자세히 알고 싶은 독자는 헬러 등의 논문(Heller et al., 2015)을 살펴보기 바란다.

이 프로그램은 시카고대학 연구팀과 시카고의 비영리단체(NPO)인 유스 가이던스(Youth Guidance)가 공동으로 개발했다. 특히 범죄율이 높은 지역의 고등학생에게 다양한 교육 프로그램을 제공함으로써 범죄에 빠지지 않게 하는 것이 목적이었다. [표 6-5]에서 보듯 전문가가 이끄는 다양한 모임이나 활동이 이루어졌다.

프로그램의 효과를 제대로 분석하기 위해 무작위로 선발된 학생이 프로그램에 참가했다. 그리고 프로그램에 참가하지 않은 학생에 비해 어떤 효과가 있었는지를 측정했다. 바로 2장에서 설명한 RCT 방식이다.

그러면 어떤 효과가 확인되었을까? 우선 프로그램에 참가한 학생일수록 범죄율이 약 30퍼센트 떨어졌다. 뜻밖의 효과도 있었다. 프로그램에 참가한 학생의 고등학교 졸업률이 15퍼센트나 올랐던 것이다. 시카고시의 교육 담당자들에게 해당 지역 고등학교의 낮은 졸업률은 커다란 골칫거리였기 때문에 이런 의외의 효과는 정책적으로 중요한 발견이었다.

시카고대학 범죄연구소는 일련의 연구를 통해 형벌 강화보다는

표 6-5

시카고대학 범죄연구소의 교육 프로그램

프로그램은 교육학, 심리학, 경제학을 기반으로 진행되었다. 당시 오바마 대통령(사진 오른쪽)도 참여했다.

출처: 시카고대학 범죄연구소 웹사이트

교육 프로그램이 비용 대비 효과가 뛰어나다는 사실을 밝혀냈다. 루트비히에 따르면 정책 담당자들 사이에는 기존의 방식이 유효하다는 믿음이 여전했지만 RCT로 정책 효과를 비교하고 과학적인 증거를 제시함으로써 새로운 방식을 정책에 도입할 수 있었다고 한다. RCT 같은 과학적 방법으로 인과관계를 제시하는 경우 이데올로기 논쟁을 뛰어넘어 데이터 분석에 근거한 논의가 가능하다는 이점이 있다.

정부와의 협력 사례 2 | 일본 자원에너지청이 주도한 사회 시스템 실증 실험

일본에서도 미국에서와 같은 협력 관계가 서서히 시작되고 있다. 그중 2장에서 소개한, 경제산업성 자원에너지청의 사회 시스템 실증 사업에 대해 알아보자(이에 대한 자세한 내용은 필자가 이다·다나카와 함께 쓴 2017년 논문을 참고하기 바란다).

2009년 자원에너지청은 신에너지도입촉진협의회와 함께 이 사업을 시작했다. 사업의 목적은 스마트 그리드(smart grid, 기존 전력망에 IT 기술을 접목하여 전력 공급자와 소비자가 실시간으로 정보를 교환하게 함으로써 에너지 효율을 최적화하는 첨단 전력망─옮긴이) 기술의 가능성과 과제를 찾아내기 위해 지방공공단체나 기업과 협력하여 현장 실험을 실시하는 것이었다. 필자와 교토대학의 이다 다카노리, 정책연구대학원대학의 다나카 마코토가 실험 설계와 통계 분석을 자문했다.

이 프로젝트의 특징은 기업, 정부기관, 연구자의 산학 협력에 의해 진행되었다는 점이다. 사업을 주도한 것은 경제산업성 자원에너지청이었다. 실증 실험은 요코하마시, 도요타시, 교토부, 기타큐슈시 등 네 지역에서 이루어졌다. 또 전력 사업자를 비롯해 전기 기기 제조업체, 시스템 개발회사 등 다수의 민간 기업도 참가했다. 연구자들은 데이터 분석을 주도했고 각 분야의 관계자들은 현장에서 실험을 진행하고 데이터를 확보했다.

예전에도 정부 기관과 대학이 함께 정책에 유용한 조사를 실시한 적은 있었다. 그러나 이 사회 시스템 실증 사업은 일본 최초로 RCT를 이용한 본격적인 현장 실험이었다는 점에 의의가 있다.

네 지역에서 이루어진 실증 실험에 대해서는 2장에서 일부 소개했다. 2장에서 보았듯이 RCT는 데이터에 근거한 과학적인 증거를 제공해준다는 의미에서 정책 입안에 매우 유효한 수단이다. 요즘은 전 세계에서 증거에 근거에 기반해 정책을 수립하는 흐름이 거세지고 있다. 앞으로 데이터 분석 전문가와 협력하여 데이터 분석이 실제 정책에 활용되기를 바란다.

┌───┐
                      S U M M A R Y

- 미국을 비롯한 서구에서는 RCT 등을 이용한 인과관계 분석이 기업이
  나 정부의 의사 결정에 널리 활용되고 있다.

- 성공의 첫 번째 조건은 기업·정부와 데이터 분석 전문가의 협력 관계다.

- 성공의 두 번째 조건은 데이터 분석자가 데이터에 접근할 길을 넓히는
  것이다.

- 이 장에서는 미국의 사례를 중심으로 데이터 분석 전문가와 기업의 협
  력 관계, 데이터 분석 전문가와 정부기관의 협력 관계를 보여주는 구
  체적인 사례들을 소개했다.

- 일본에서도 기업이나 정부기관과 데이터 분석 전문가의 협력이 시작
  되었고 앞으로는 이런 협력이 다양한 분야로 확대될 것으로 예상된다.
└───┘

그럼에도 데이터 분석은 불완전하다

: 불량 분석을 피하기 위한 방법

지금까지 소개한 방법론은
학술적으로도 최신의 것이고
실무적으로도 매우 유용하다.
하지만 어떤 방법론에든
약점이나 결점이 있으며
그것들을 파악하는 것이 중요하다.
이 책은 입문서이기 때문에
약점이나 결점을 모두 지적하지는 못하지만
이 장에서는 특히 중요한 사실들을
최대한 쉽게 설명해보려 한다.

데이터 자체에 문제가 있다면 모든 게 무용지물

'프롤로그'에서 이야기했듯이 데이터를 분석하는 과정은 초밥 장인이 초밥을 만드는 과정과 비슷하다. 말하자면 확보한 신선한 재료를 조리해서 손님에게 내어놓는 작업이다. 그러므로 아무리 초밥 장인의 솜씨가 좋아도 재료 자체가 썩었다면 도저히 초밥을 먹을 수가 없다. 물론 문제가 있는 부위만 도려낸다거나 조금 오래된 재료를 써도 괜찮은 요리를 만들 수는 있다. 하지만 요리를 제대로 만들어내기는 매우 어렵다.

데이터 분석도 마찬가지다. 데이터 자체에 문제가 있으면 아무리 뛰어난 분석 기법을 써도 신뢰성 있는 결과를 내기 어렵다. 다음과 같은 경우 데이터에 문제가 있는 것이다.

① 데이터 측정에 문제가 있고 수치도 바르게 기재되어 있지 않다.

② 관측치(observed value, 관측을 통해 얻은 값−옮긴이)에 대량의 결측치(missing value, 데이터 수집 과정에서 누락되거나 실험이 잘못되어 얻지 못한 값−옮긴이)가 있다.

③ 데이터를 모든 세대가 아닌, 편중된 표본에서만 확보했다.

통계학과에서는 문제가 있는 데이터를 보완하는 방법을 가르치기는 하지만 대개 문제가 완전히 해결되지 않는다. 마찬가지로 이 책에 소개한 분석 방법들은 데이터를 보완해주지 않는다. 다시 말해 적절한 데이터를 만드는 작업이 분석 전에 전제조건으로서 필요하다.

분석 결과의 외적 타당성이라는 문제

RCT나 자연실험을 이용하면 X가 Y에 미친 영향(즉 인과관계)을 과학적으로 분석할 수 있다. 그러나 여기서 얻어진 결과는 분석에 사용된 표본에 적용되는 인과관계다. RCT나 자연실험으로 발견한 인과관계가 분석 표본 이외의 다른 대상에게도 적용되는지에 대해서는 신중한 논의가 필요하다.

예를 들어 2장에서 소개한 기타큐슈시의 전력 가격 실험을 생각해보자. 이 실험은 기타큐슈시에 사는 세대의 참가 신청을 받아 이루어졌다. RCT를 실시했으므로 실험 참가자에 대한 인과관계는 과학적으로 도출되었다. 전문 용어로는 분석 결과의 '내적 타당성(internal validity)'이 확보되었다고 한다.

그런데 여기서 얻은 실험 결과를 다른 세대에도 적용할 수 있느냐는 내적 타당성과는 완전히 다른 문제다. 실험에 참가한 세대에게는 '기타큐슈시에 거주해야 한다'는 조건이 걸려 있었다. 기타큐슈시에 사는 세대와 다른 지역에 사는 세대가 처음부터 전력 가격에 대해 아주 다르게 반응했다고 하자. 그러면 기타큐슈 시민에 대한 실험 결과를 토대로 다른 지역 주민의 반응을 예측할 수는 없다.

실증 실험에 지원한 세대가 실험 대상이 되었다는 점도 중요하다. 이들 세대는 애초에 전력 가격에 관심이 많았을 가능성이 있다. 그렇다면 이들 세대에 대한 실험 결과는 다른 세대의 가격 반응도와 다를 가능성이 있다.

이렇게 실험이나 자연실험으로 얻은 분석 결과를 다른 대상에게도 적용할 수 있느냐를 '외적 타당성(external validity)'의 문제라고 부른다. [표 7-1]에는 2장부터 5장까지 소개된 방법들의 외적 타당성과 내적 타당성이 정리되어 있다.

내적 타당성은 RCT가 우세하다. RCT의 경우 실험이 적절하게 이루어지면 내적 타당성을 100퍼센트 확보할 수 있다. RD디자인이나 집군분석도 RCT에는 미치지 못하지만 비교적 내적 타당성이 강하다. 패널 데이터 분석은 개별 사례에 따라 다르다. 하지만 평행 트렌드 가정이 때로 과도하고 불완전해서 RD디자인이나 집군분석보다 내적 타당성이 다소 떨어진다.

그러면 외적 타당성은 어떨까? RCT는 두 유형으로 나누어보았다. 첫 번째는 실험 대상에게 강제적으로 실험을 실시했을 경우다. 즉 실험에 불참하는 것이 허용되지 않았을 경우다. 두 번째는 실험

표 7-1

외적 타당성과 내적 타당성

분석 방법	외적 타당성의 범위: 개입 효과(인과관계)를 분석할 수 있는 대상	내적 타당성의 강도
RCT(강제 참가형)	실험 대상자	매우 높다
RCT(자발적 참가형)	실험 대상자 중 자발적 참가자	매우 높다
RD디자인	경계선 부근의 대상	높다
집군분석	집적한 대상	높다
패널 데이터 분석	개입집단 전체	약간 떨어진다

대상 가운데 원하는 사람만 참여하게 하는 자발적 참가형 RCT다. 첫 번째의 강제 참가형 RCT에서는 실험 대상 전체에 대한 인과관계를 분석할 수 있다. 한편 자발적 참가형 RCT에서는 실험에 참가한 대상에 대한 인과관계만 분석할 수 있다.

그렇다면 RD디자인의 외적 타당성은 어떨까? 3장에서 이야기했듯이 RD디자인으로 인과관계를 분석할 수 있는 것은 경계선 부근에 있는 주체(3장에 소개한 사례에서는 70세 전후의 환자)뿐이다. 추가적인 가정을 세우지 않으면 RD디자인의 결과가 외적으로 타당하다는 결론을 내리고 다른 대상에게도 적용할 수는 없다. 또 4장에서 설명했듯이 집군분석의 외적 타당성도 RD디자인과 비슷한 점이 있다.

5장에서 설명한 패널 데이터 분석은 외적 타당성 면에서는 RD 디자인이나 집군분석보다 나을 경우가 많다. 패널 데이터 분석으로는 개입집단 전체에 대한 인과관계를 밝힐 수 있기 때문이다.

[표 7-1]에서 알 수 있듯이 내적 타당성과 외적 타당성 모두를 생각하면 어느 분석 방법이 우수한지 결론 내리기 어렵다. 상황에 따라 각 분석 방법의 강점과 약점을 생각해야 한다. 몇 가지 사례를 통해 이야기해보자.

먼저 다음과 같은 예를 생각해보자. 일본 정부는 전국적으로 적용할 전력 가격 정책을 검토하고 있다. 분석 방법의 외적 타당성 문제를 완벽하게 극복하려면 일본 전역의 모든 세대를 대상으로 RCT를 실시하거나 모든 세대 가운데 무작위로 뽑힌 세대를 대상으로 강제 참가형 RCT를 실시해야 한다. 여기서 얻은 측정값은 외적 타당성이 매우 높아서 일본 전체 세대에 적용할 수 있다.

하지만 두 가지 이유 때문에 이 방법을 실시하는 것은 쉽지 않다. 일단 일본 전역의 세대를 실험 대상으로 삼으면 실험 비용이 너무 높아진다. 다음으로 민주 국가에서는 무작위로 뽑힌 세대를 강제적으로 현장 실험에 참가시키는 것은 비현실적이다.

이어서 패널 데이터 분석을 실시하는 사례를 생각해보자. 하나의 시나 도에서 모인 데이터만으로 패널 데이터 분석을 한다고 하자. 이때 도출된 인과관계는 해당 시나 도에서의 인과관계일 뿐이다. 따라서 이 결과를 다른 시나 도에 적용하려면 추가적인 가정(이를 테면 일본 전역에서 개입집단에 대한 개입효과는 균일하다는 가정)이 필요하다.

한편 데이터가 일본 전역에서 수집되었고 각지에 개입집단과 비교집단이 있었다면 어떨까? 이렇게 되면 분석으로 얻은 인과관계는 일본 전역에서 관찰된 개입효과의 평균값이 된다. 따라서 분석자가 일본 전역을 대상으로 어떤 인과관계를 알고 싶었다면 후자가 외적 타당성이 높은 분석 방법이다. 이처럼 외적 타당성은 데이터의 범위에 의존하게 된다.

내적 타당성 면에서 RCT가 가장 뛰어나다. 하지만 외적 타당성을 고려하면 RCT가 가장 우수한 방법이라고 단언할 수 없는 경우도 있다. 극단적으로 다음과 같은 상황을 생각해보자. 정부는 전력 가격이 전력 소비에 미치는 영향을 조사하려고 한다. 이때 두 가지 분석 방법이 가능하다고 하자.

① 특정 지역에서 실험 참가를 신청한 100세대에게 RCT를 실시한다.
② 일본 전국에서 무작위로 뽑힌 1만 세대의 전력 소비 데이터와 각 지역 전력 회사의 10년치 가격 변화 데이터를 이용하여 패널 데이터 분석을 실시한다.

어떤 방법이 나을까? 대답하기 매우 어렵다. 첫 번째 방법으로는 특정한 100세대에 대해 내적 타당성을 확보할 수 있다. 하지만 분석의 목적이 일본 전체 소비자에 대한 효과를 알아보는 것이라면 첫 번째 방법은 외적 타당성에 한계가 있다.

한편 두 번째 방법은 외적 타당성이라는 관점에서는 첫 번째 방법보다 우수하다. 그러면 내적 타당성은 어떨까? 그 답은 패널 데이터 분석의 정밀성에 달려 있다.

패널 데이터 분석에서는 평행 트렌드 가정이 성립해야 인과관계를 주장할 수 있다. 그렇기 때문에 위의 사례에서는 내적 타당성과 외적 타당성을 모두 고려했을 때 RCT와 패널 데이터 분석 중 어느 쪽이 낫다고 일률적으로 판단할 수 없다. 데이터 분석자가 신중하게 검토하고 결정해야 한다.

외적 타당성은 경제학 연구에서도 중요하게 논의가 이어지는 문제다. 외적 타당성이 없는 분석은 쓸모없다고 주장하는 연구자도 있다. 그러나 많은 연구자가 내적으로 타당한 결과라도 쌓아가야 한다고 생각한다. 우선 내적 타당성이 있는 분석 결과(즉 분석의 대상에 대한 믿을 만한 인과관계)를 이끌어내는 것이 첫걸음이며, 그 단계 없이는 외적 타당성을 논의하는 단계로 나아갈 수 없다. 이 책에서는 줄곧 내적 타당성을 중심으로 이야기를 해왔기 때문에 여기서는 외적 타당성이 중요하다는 점을 강조하고 싶었다.

출판 편향과 협력 관계 편향이라는 문제

외적 타당성과 연관해서 출판 편향(publication bias)과 협력 관계 편향이라는 것이 있다. 출판 편향은 다음과 같은 상황에서 나타난다. 어느 연구자가 'X가 Y에 미친 영향'이라는 인과관계를 검증했다고 하자. 분석 결과 영향은 0이었다. 즉 인과관계는 전혀 없었다. 원래는 이 결과 자체가 유용한 과학적 발견이다.

그러나 이 연구자는 '인과관계가 0이었다는 결과는 학술 논문으로 좋은 평가를 받기 어렵다'고 판단한다. 적어도 경제학계에서는 이런 사고방식이 좋지 않으며, 인과관계가 0이라는 발견도 의미가 있다고 여긴다. 하지만 의도나 기대에 어긋나는 결과를 발표하기 꺼리는 풍조는 논문을 쓰는 쪽에서나 논문을 평가하는 쪽에서나 완전히 사라지지 않았다.

그러면 이런 출판 편향 때문에 어떤 문제가 일어날까? 예를 들어 RCT를 이용한 연구를 생각해보자. 일단 실험을 설계하는 단계에서 연구자는 X가 Y에 영향을 미쳤을 상황하에서 실험을 해보려는 유혹에 빠지게 된다.

이를테면 어떤 소비자 집단을 대상으로 실험을 하면 효과가 나올 것 같지 않지만 다른 소비자 집단을 대상으로 실험을 하면 효과가 확실하게 나올 것 같다는 선입견이 있다고 하자. 그러면 효과가 나올 것 같은 소비자를 실험 대상으로 삼을 가능성이 있다.

데이터 분석자가 효과가 있을 듯한 특수한 사례만을 대상으로 RCT를 실시했다면 당연히 다른 지역이나 소비자에게서는 생각만큼의 효과가 나오지 않는다. 즉 출판 편향은 외적 타당성에 취약한 분석을 유도한다. 실험 대상을 고를 때 출판 편향의 영향을 받지 않았더라도 막상 기대를 저버리는 결과가 나오면 논문 자체가 세상에 나오지도 못하고 묻힐 수 있다. 과학자라면 효과가 0이었던 사례도 논문으로 발표하고 연구 성과로 남겨야 한다. 그러나 논문을 쓰는 쪽이나 평가하는 쪽이 논문으로 출판되기 어렵다고 판단한 연구 결과는 세상에 나오지 못할 가능성이 높아진다.

또 출판 편향과는 별개로 협력 관계 편향이라는 문제가 생길 수도 있다. 앞 장에서 데이터 분석으로 성과를 거두는 한 가지 비결로 데이터 분석 전문가와 기업 및 정부기관의 협력 관계 구축을 들었다. 뉴욕대학의 헌트 올콧(Hunt Allcott)은 데이터 분석 전문가가 협력해줄 만한 파트너만 골라서 분석을 실시하면 외적 타당성 면에서 편향이 있는(즉 한쪽으로 치우친) 분석 결과가 나올 수 있다고 지적했다(Allcott, 2015).

2장에서 소개한 사회 시스템 실증 사업에 대해 생각해보자. 실험은 파트너로서 협력을 신청해준 자치단체에서 실시되었다. 이 사업에 협력을 아끼지 않았던 지역이나 주민들은 스마트 그리드 사업

그럼에도 데이터 분석은 불완전하다
: 불량 분석을 피하기 위한 방법

에 대한 열정이 높았을 가능성이 있다. 그렇다면 이 RCT로 얻은 결과는 스마트 그리드에 관심이 있는 지역이나 세대에 대한 개입효과였다고 해석할 수 있다. 실험 지역의 개입효과가 다른 지역(즉 비교적 관심이 낮은 지역)의 개입효과와 다르다면 이 실험의 결과는 외적 타당성이 부족한 것이다. 즉 파트너를 고르는 과정 자체가 연구자의 의도나 분석의 실현 가능성에 영향을 받는다면 더 나아가 분석의 외적 타당성까지 흔들리게 된다.

개입에 파급효과가 존재할 때의 주의점

이 책에 소개한 RCT나 자연실험은 개입집단과 비교집단을 나누는 것에서부터 출발했다. 2장에서 설명했듯이 RCT를 적절하게 설계하면 X가 Y에 미친 개입효과를 분석할 수 있다.

그러기 위해서는 2장에서 언급한 가정 외에 추가적인 가정이 필요하다. 즉 '개입집단에 대한 개입이 비교집단에는 영향을 주지 않는다'는 가정이 필요한 것이다. 얼핏 보면 당연히 성립할 것 같은 가정이다. 하지만 실험을 설계할 때 주의하지 않으면 이 가정은 쉽게 무너진다.

예를 들어 1장에서 다룬 '아이에게 무상으로 노트북을 지급하면 성적이 오를까?라는 문제를 생각해보자. 50명으로 구성된 학급에서 30명을 개입집단에 배정하고 나머지 20명을 비교집단에 배정했다고 하자. 만약 노트북을 받은 30명이 나머지 20명에게 노트북을 쓰게 하면 어떤 일이 벌어질까? 본래는 비교집단이었던 20명도 노트북에서 편익을 얻게 된다.

이런 현상을 개입의 파급효과(spillover effect)라고 부른다. 이 말은 개입집단에만 편익이 발생하리라는 예상을 깨고 비교집단도 어떤 형태로든 영향을 받는 현상을 가리킨다. 개입의 파급효과가 존재하는 경우 비교집단은 순수한 의미의 비교집단이 아니게 된다. 그렇기 때문에 개입집단과 비교집단의 결과 차이를 비교해도 개입효과를 올바로 추정할 수 없게 된다.

이런 현상이 RCT에서만 나타나는 것은 아니다. 예를 들어 3장에서 소개한 RD디자인에서도 개입집단에 대한 개입이 비교집단에까지 영향을 미치는 사례를 생각할 수 있다. 5장에서 소개한 패널 데이터 분석도 마찬가지다. 그러면 실험 설계자는 어떤 대책을 세울 수 있을까?

첫째, 개입집단을 어느 수준으로 설정할지 깊이 생각한다. 예를 들어 노트북 지급의 개입효과를 제대로 평가하려면 어떤 개입집단을 만들어야 할까? 미주개발은행이 실시한 RCT에서 개입집단은 학생 단위가 아니라 학교 단위로 만들어졌다(Christia et al., 2012). 다시 말해 학교 안에서 집단이 나뉜 것이 아니라 '개입을 받는 학교'와 '개입을 받지 않는 학교'로 집단이 나뉘었다. 이런 경우 개입을 받는 학교에서는 모든 학생이 노트북을 무상으로 받는다. 그러면 학교 내에서 개입의 파급효과가 생길 걱정이 없어진다.

여전히 '개입을 받는 학교에 다니는 학생과 개입을 받지 않는 학교에 다니는 학생이 노트북을 공유하면서 파급효과 문제가 생기지 않을까' 하는 걱정은 남지만 그래도 학교 안에서의 파급효과에 비하면 실제로는 일어나기 힘든 문제라고 할 수 있다.

둘째, 개입효과 외에 개입의 파급효과도 분석할 수 있도록 실험을 설계하는 것이다. 때로 파급효과 자체가 관심 대상이 되기도 하므로 이런 방식은 유용하다. 이런 사례로는 매사추세츠공과대학의 에스더 듀플로(Esther Duflo)와 캘리포니아대학 버클리캠퍼스의 이매뉴얼 사에즈가 실시한 연금 플랜에 관한 연구가 있다(Duflo and Saez, 2003). 이 실험을 통해 다양한 분석이 이루어졌지만 여기서는 일부만 소개한다.

이 실험의 대상은 어느 대학의 교직원들이다. 이 대학에서는 연금 플랜에 관한 설명회가 매년 열렸고 듀플로와 사에즈는 설명회에 참가한 교직원들에게 20달러를 준다는 이야기가 퍼지면 설명회 참가율에 어떤 변화가 있을지 궁금했다. 듀플로와 사에즈는 개입집단을 설계하기 위해 묘안을 짜냈다. 먼저 대학 안에 있는 330개 학부를 개입학부와 비교학부로 무작위로 나누었다. 이어서 개입학부에 소속된 교직원들을 다시 무작위로 개입집단과 비교집단으로 나누었다. 즉 실제로 개입을 받은 것은 개입학부에 소속되어 있고, 또한 개입집단으로 뽑힌 교직원이었다. 그리고 나서 듀플로와 사에즈는 다음 세 집단의 설명회 참석률을 조사했다.

① 비교학부에 소속되어 있는 교직원들

② 개입학부 소속으로 개입을 받은 교직원들

③ 개입학부 소속으로 개입을 받지 않은 교직원들

우선 ①과 ②를 비교함으로써 '개입을 받은 개인은 개입을 받지 않은 개인보다 설명회 참석률이 높았다'는 사실이 드러났다. 즉 20달러의 개입이 설명회 참석률을 높인 것이다.

이어서 개입의 파급효과에 대한 분석도 이루어졌다. 만약 개입에 파급효과가 없으면 ①과 ③의 설명회 참석률은 같아질 것이다. 다시 말해 ③의 참석률이 ①보다 높다면 ③과 ①의 참석률 차이가 파급효과를 나타낸다. 실제로 이 RCT에서는 ③의 참석률이 ①보다 높았다.

듀플로와 사에즈는 교직원에게서 교직원에게로 파급효과가 있었던 것이라고 해석했다. 즉 개입학부에 소속된 교직원은 설령 자신이 개입을 받지 않았더라도 개입을 받은 동료에게 감화되어(혹은 권유를 받아) 설명회에 갔을 것이라는 해석이다. 이렇게 입체적으로 실험을 설계하면 파급효과를 생략한 순수한 개입효과(①의 참가율과 ②의 참가율 차이)와 파급효과(①의 참석률과 ③의 참석률 차이)를 모두 분석할 수 있다.

일반 균형적 효과가 존재할 때의 주의점

예산의 제약 등으로 RCT는 비교적 소규모로 실시될 때가 많다. 하지만 소규모로 이루어진 실험의 결과가 대규모로 이루어지는 실제 정책 개입과 같은 결과를 낳을지는 신중한 검토가 필요하다. 교육 분야의 구체적 사례를 통해 생각해보자.

미국에서는 학생 수가 적은 학급이 더 나은 교육 효과를 내는지에 대해 오랜 논쟁이 있었다. 결국 1986년 테네시주에서 79개 초등학교를 대상으로 RCT가 실시되었다. 79개 초등학교 중 무작위로 뽑힌 학교가 소규모 학급(한 반이 13명에서 17명 사이)으로 편성되었고 나머지 학교는 통상의 학생 수(한 반이 22명에서 25명 사이)를 유지했다. 그 결과 소규모 학급의 평균 성적이 올랐다. 즉 소규모 학급이 아이의 성적을 향상시킨다는 인과관계가 나타난 것이다.

이 결과를 보고 다른 주에서도 소규모 학급을 편성하는 움직임이 가속화되었다. 이를테면 캘리포니아주는 1996년 새로운 법률을 제정하고 당시 돈으로 100억 달러를 들여 소규모 학급을 확대하는 정책을 펼쳤다. 하지만 분석 결과 캘리포니아주의 소규모 학급 정책은 테네시주에 비해 효과가 매우 적었다.

이런 차이가 발생한 이유로는 세 가지 가능성을 생각해볼 수 있다. 첫 번째 가능성은 캘리포니아주의 정책에 대한 분석 자체가 신뢰성이 부족하고 애초에 정확하지 않을 수도 있다는 것이다. 테네시주에서는 RCT를 통해 인과관계가 과학적으로 밝혀졌다. 한편 캘리포니아주의 정책은 주 전체에 실시되었고 RCT는 이루어지지 않았기 때문에 분석 결과의 신뢰성이 낮았다.

두 번째 가능성은 이 장의 첫머리에서 설명한 외적 타당성 문제다. 테네시주와 캘리포니아주는 학생, 교사, 교육 시스템 등 모든 면에서 차이가 있기 때문에 테네시주의 결과를 캘리포니아주에 그대로 적용하는 것은 무리였을지 모른다.

세 번째 가능성은 '캘리포니아주의 정책 변경은 대규모였기 때문에 여러 가지가 바뀌었을지 모른다'는 점이다. 예를 들어 소규모 학급이 늘어나면 학급 수가 늘어서 교사 수도 늘어야 한다. 그러면 교직원을 지망하는 사람이 늘지 않는 한, 교직원 채용 시험의 합격 기준이 낮아지게 되고, 더불어 교사의 질도 떨어질 가능성이 있다.

즉 다음과 같은 일이 순차적으로 벌어진다.

소규모 학급을 캘리포니아주 전역에 설치한다 → 교사가 부족해진다 → 지금
까지 채용되지 못했던 교사도 고용된다 → 교사의 질이 평균적으로 떨어진다
→ 아이의 교육에 악영향을 미친다

통상의 소규모 RCT에서는 개입이 실험에 내재된 변수에만 영향을 미치는 것으로 여겨진다. 예를 들어 테네시주의 실험에서는 소규모 학급이라는 개입이 학생의 성적에 영향을 미친다는 직접적인 관계성만 보았을 뿐, 교사의 수나 질에 영향을 미치는 것까지는 고려하지 않았다.

그러나 실제 정책으로 광범위하게 개입이 이루어지면 예상치 못했던 변수도 영향을 받게 된다. 소규모 학급을 캘리포니아주 전역에 설치하면 교사가 부족해지는 것처럼 말이다. 경제학에서는 이런 현상에 대해 '일반 균형적 효과가 존재한다'고 말한다.

소규모 RCT로는 일반 균형적인 효과까지 조사하기 어렵다. 따라서 소규모 RCT나 자연실험으로 얻은 결과를 대규모 정책의 참고 자료로 삼고 싶다면 일반 균형적인 효과가 발생할지를 주의 깊게 고찰해야 한다.

■━━━ SUMMARY ━━━■

- 어떤 데이터 분석 방법이든 불완전성과 한계가 있음을 인식해야 한다.

....

- 데이터 분석 결과가 분석 대상 외에도 적용 가능한가라는 외적 타당성 문제는 매우 중요하다. 상황에 따라 외적 타당성과 내적 타당성을 모두 고려하여 어떤 분석 방법을 쓸지 결정해야 한다.

....

- 데이터 분석 결과에는 출판 편향이나 협력 관계 편향이라는 문제가 있기 때문에 데이터 분석자나 관련자의 뜻에 맞지 않는 결과는 세상에 나오기 어렵다.

....

- 개입집단에 대한 개입이 비교집단에도 파급효과를 미칠 때는 주의가 필요하다.

....

- 개입이 일반 균형적인 효과를 가져올 경우 소규모 실험의 결과와 대규모 정책의 결과가 다를 수 있으므로 RCT나 자연실험의 성과를 대규모 개입에 활용할 때는 주의해야 한다.

필자가 연구자의 길을 걷기로 결심하게 해준 것은 고등학교 시절에 만난 어떤 입문서였다. 자나 깨나 농구 연습만 하던 그 무렵의 나는 별로 생각할 시간도 없이 문과냐 이과냐의 선택을 앞두고 당혹감을 느끼고 있었다. 그러다 동아리 활동 틈틈이 읽은《환경경제학으로의 초대(環境経済学への招待)》라는 책에 큰 감명을 받았다. 갈팡질팡하던 나는 구원받은 기분이었다. 일본 환경경제학의 개척자인 우에타 가즈히로(植田和弘)가 고등학생도 이해할 수 있도록 쉽고 재미있게 집필한 책으로서 문과와 이과를 가로지르는 환경경제학이라는 학문에 대해 이야기하고 있었다.

그래서 나도 이 책을 쓰면서 중고등학생도 거뜬히 읽을 수 있는 입문서를 목표로 했다. 우에타 선생의 책만큼 그 목적이 이루어졌는지 모르겠지만 데이터 분석에 익숙지 않은 사람들의 손에도 들릴 만한 입문서가 되었다면 기쁠 것이다.

이 책을 쓰게 된 것은 대학 시절부터 친구인 후루야 소타 덕분이다. 2014년 10월 보스턴의 일본인 연구자 모임에서 강연한 내용을 보여주었더니 책으로 만들어 많은 사람들에게 읽힐 가치가 있다며 나를 격려해주었다. 공교롭게도 학교까지 옮기는 바람에 2014년 겨울 이후로는 집필 작업에 예상보다 많은 시간이 걸렸지만 후루야는 지속적으로 나를 응원해주었다.

또한 이 책의 퇴고에 즈음하여 민간 기업, 관공서, 대학 등에 소속된 다양한 분들이 고견을 전해주었다. 특히 초고를 보고 의견을 주었던 아오키 마사히코, 아리모토 유타카, 이가미 미쓰루, 이다 다카노리, 이토 도모유키, 이치무라 히데히코, 에비하라 후미아키, 오카자키 고헤이, 가이도 히로아키, 고지마 후히토, 고바야시 고헤이, 시게오카 히토시, 다카바야시 유야, 시토미 게이스케, 시라이시 겐지, 다나카 신스케, 다나카 마코토, 쓰다 히로카, 데시마 겐스케, 나카무라 도모아키, 나카무라 준, 나카무라 마사루, 나가모토 데쓰하루, 나리타 유스케, 후쿠이 가즈키, 후지와라 가즈유키, 니시하라 사토시, 야마자키 카오리, 요코오 히데후미 씨에게 이 자리를 빌려 감사의 말씀을 드린다.

이 책에 소개한 필자의 연구 사례는 소속 연구기관인 시카고대학, 겸임 연구기관인 전미경제연구소(NBER)·경제산업연구소(RIETI)·교토대학대학원 경제학 연구과 프로젝트 센터의 지원을 받은 것이다. 또 이 책의 편집에는 고분샤(光文社) 신서 편집부의 미야

케 다카히사 씨, 모리사카 슌 씨를 비롯한 많은 분들이 참여했다. 이 자리를 빌려 감사의 말씀을 드린다.

연구자라는 직업은 취미를 일로 삼은 것과 다름없는 행복한 면이 있지만 경쟁적인 환경에서 지속적인 연구 성과가 요구되기에 신체적으로도 정신적으로도 편하지는 않다. 그런 의미에서 가족의 도움이 없었다면 이 책은 나오지 못했을 것이다. 초고 단계부터 의견을 들려주고 매일 다양한 형태로 지원해준 아내에게 감사한다.

더 알고 싶은
이들을 위한
참고도서

'프롤로그'에서 이야기한 대로 이 책은 데이터 분석 전문가가 아닌 일반 독자를 위한 입문서로서 집필되었다. 그래서 수식 없이 표, 직관, 사례를 통해 설명했다. 7장까지 읽고 나서 직관적으로는 이해했지만 더욱 자세히 알고 싶은 사람이 있을지도 모르겠다.

이 책에서는 고도의 수리통계적 지식이 요구되는 분석 방법(변수변형법, 매칭추정법, 합성대조군법, 이산선택추정법, 구조추정법 등)에 대한 설명은 생략했다. 이 방법들은 때때로 매우 강력한 힘을 발휘하여 이 책에 소개한 방법으로는 해결할 수 없는 문제를 해결해주기도 한다. 하지만 이 방법들은 수식 없이는 설명하기가 어렵기 때문에 이 책에는 소개하지 않았다.

이 책은 인과관계 분석의 기본인 개입효과의 평균값 분석에 초점을 맞췄다. 인과관계 분석의 다음 단계로는 개입효과의 분포, 추정량의 통계적 성질(예를 들면 표본오차나 신뢰구간 등)에 대한 분석이 있다. 안타깝게도 이런 것들도 수식 없이는 설명하기 어렵기 때문에 이 책에는 싣지 않았다.

그래서 여기서는 더욱 자세하게 알고 싶은 사람에게 추천할 만한 책을 소개하고자 한다. 이 책의 내용은 학술적으로는 '계량경제학'이라고 불리는 분야에 속한다. 말하자면 '실천적인 데이터 분석에 초점을 맞춘 계량경제학 입문서'라고 할 수 있다. 그러므로 기초부터 확실히 공부해보고 싶다면 계량경제학 입문서부터 시작해서 중급·상급 서적으로 차근차근 단계를 높여가는 것이 좋다.

계량경제학의 실천적 측면에 초점을 맞춘 입문서

이 책을 읽었다면 다음 단계로는 경제학부생이 배우는 계량경제학 교과서를 보는 것이 좋다. 하지만 아무런 기초 지식도 없이 처음부터 이론이나 수식이 지나치게 많은 책을 보게 되면 계량경제학이나 통계학이 싫어질지도 모른다. 그렇기 때문에 일단은 실천적인 측면에 초점을 맞춘 입문서에서부터 시작하기를 권한다.

다음에 소개하는 책은 수식을 되도록 적게 사용하고 있기 때문에 편하게 읽기에 안성맞춤이다.

- 《'원인과 결과'의 경제학·데이터로 진실을 간파하는 사고법(「原因と結果」の経済学―データから真実を見抜く思考法)》, 나카무로 마키코(中室牧子)·쓰가와 유스케(津川友介), 다이아몬드샤(ダイヤモンド社), 2017
- 《실증분석을 위한 계량경제학(実証分析のための計量経済学)》, 야마모토 이사무(山本勲), 주오게이자이샤(中央経済社), 2015
- 《계량경제학 첫걸음―실증분석의 권유(計量経済学の第一歩―実証分析のススメ)》, 다나카 류이치(田中隆一), 유히카쿠 스투디아(有斐閣ストゥディア), 2015
- 《실증분석입문―데이터에서 '인과관계'를 해독하는 법(実証分析入門―デ

―タから「原因関係」を読み解く作法》, 모리타 하쓰루(森田果), 닛폰효론샤(日本評論社), 2014

이 중《'원인과 결과'의 경제학》이 가장 쉬운 편이다. 이 책에서 생략된 변수변형법이나 매칭추정법에 대한 설명도 풍부하게 실려 있고 경제학 연구의 구체적인 사례도 다양하게 소개된다.

나머지 세 권은 수식이 좀 더 많이 나오지만 다른 계량경제학 교과서에 비해 쉽게 쓰여 있기 때문에 이 책을 읽은 독자라면 거뜬히 읽을 수 있을 것이다.《실증분석입문》은 경제학뿐 아니라 다른 사회과학의 실제 사례도 많이 소개하고 있다. 또《실증분석을 위한 계량경제학》과《계량경제학 첫걸음》은 입문 단계부터 중급 수준까지 다루고 있으므로 이 책 같은 기초 입문서에서 중급서로 넘어가는 다리로서 안성맞춤이다.

이후 읽을 만한 중급서(경제학부 학부생 수준)와 상급서(대학원 수준)

입문서를 읽고 나면 중급서, 상급서로 단계를 높여가야 한다. 그 과정에서 중요한 것은 ①계량경제학 이론의 이해, ②구체적인 적용 사례의 소개, ③데이터 분석의 연습이라는 삼박자를 균형 있게 다루는 교과서를 고르는 것이다.

영어 원서 가운데 좋은 책이 많다. 미국 경제학부 학생은 계량경제학의 이론적, 실천적 훈련을 빈틈없이 받기 때문에 미국 전역에서 교과서에 대한 수요가 많고 그만큼 교과서 간의 경쟁도 치열하다.

영어 원서를 읽으려면 처음에는 힘들 것이다. 하지만 실용적, 구체적 사례가 풍부하게 소개되어 있기 때문에 어느새 재미있게 읽을 수 있다. 또 이론적인 연습 문제뿐만 아니라 통계 소프트웨어를 활용한 연습 문제가 풍부하게 수록된 것도 강점이다. 영어가 어렵지 않은 사람 혹은 영어 원서와 씨름해보고 싶은 사람에게는 다음 책을 추천한다.

기본적인 이론을 배운 후에 기초적인 실천편으로 넘어가고 싶다면 미국 경제학부생이 많이 보는 울드리지의 책을 추천한다. 구체적인 사례가 풍부한데다 계량경제학의 방법론적 기초부터 미국 경제학부 고학년 수준까지 다루고 있다. 통계학의 지식이 부족하더라도 충실한 권말부록으로 공부할 수 있다.

[경제학부 1학년부터 3학년 수준]

제프리 울드리지(Jeffrey M. Woolridge), 《계량경제학*Introductory econometrics: A modern approach*》, 박상수·한치록 공역, 박영사, 2015(Cengage Learning; 6 edition, 2015)

울드리지의 저서 다음으로는 앵리스트와 피치케가 쓴 책을 추천한다. 학부 수준과 대학원 수준을 이어주는 다리 역할의 교과서라고 생각하면 된다.

[경제학부 상급생 수준]

조슈아 앵리스트와 존 스테판 피치케(Joshua D. Angrist and Jorn-Steffen Pischke), 《대체로 해롭지 않은 계량경제학*Mostly harmless econometrics: An empiricist's companion*》, 강창희·박상곤 옮김, 경문사, 2014(Princeton University Press, 2009)

고학년을 대상으로 하는 좋은 교과서가 많지만 필자는 다음 책으로 시카고대학 박사 과정 학생들을 가르친다. 실제로 현장에서 활용할 사람들을 대상으로 쓰인데다 이론적인 설명도 탁월하다.

[경제학부 대학원 수준]

콜린 카메론과 프라빈 트리베디(Cameron, A. Colin and Pravin K. Trivedi), 《미시
계량경제학Microeconometrics: methods and applications》, 케임브리지대학출판부
(Cambridge University Press), 2005

계량경제학을 본격적으로 학습하기는 쉽지 않지만 다양한 데이터 분석 방법을 익혀서 활용해보는 것은 매우 즐겁다. 이 책을 계기로 많은 사람이 계량경제학 책을 찾고 데이터 분석의 재미를 알게 된다면 저자로서 더한 기쁨은 없을 것이다.

이 책의 본문에서는 수식을 전혀 쓰지 않고 직관적인 설명을 시도했다. 부록에서는 수식에 의한 증명에 관심이 있는 독자를 위해 무작위로 집단을 나누는 경우 평균적 개입효과를 인과관계로서 측정할 수 있는 이유와 5장에서 소개한 평행 트렌드 가정에 대해 수학적으로 기술한다. 그 외 엄밀하고 수학적인 설명에 관심이 있는 사람은 〈더 알고 싶은 독자들을 위한 참고도서〉를 읽어보기 바란다.

본문을 이해하기 위해 여기 실린 수식을 꼭 이해할 필요는 없다. 그러므로 흥미가 있는 사람만 재미 삼아 읽어보라.

1) 개인 수준의 개입효과를 정의한다

루빈(Rubin, 1974)의 주장에 따라 개인 i에 대한 개입효과(τ_i)를 아래와 같이 정의한다.

$$\tau_i \equiv Y_i^T - Y_i^C$$

여기서 Y_i^T는 개인 i가 개입을 받았을 때의 결과를 나타내고, Y_i^C는 개인 i가 개입을 받지 않았을 때의 결과를 나타낸다. 개인 i는 개입을 받느냐 받지 않느냐, 둘 중 하나이기 때문에 Y_i^T와 Y_i^C 양쪽을 모두 데이터로서 관측할 수는 없다. 따라서 개인 수준의 τ_i를 측정하는 것은 현실적으로 불가능하다.

2) 평균 개입효과를 정의한다

여러 사람의 표본에 대하여 평균 개입효과(τ^{ATE})를 아래와 같이 정의한다.

$$\tau^{ATE} \equiv E\left[Y_i^T - Y_i^C\right]$$

E는 기댓값을 나타낸다. 문제는 어떻게 해야 데이터에서 τ^{ATE}를 계산할 수 있느냐는 점이다.

3) 개입집단과 비교집단의 결과 차이를 정의한다

분석자는 개입을 받는 개입집단과 개입을 받지 않는 비교집단을 만들 수 있다고 가정한다. 개입집단에 속하는 개인을 $D_i = 1$, 비교집단에 속하는 개인을 $D_i = 0$으로 나타낸다. 그러면 개입집단의 결과 기댓값과 비교집단의 결과 기댓값의 차이(τ^D)는 아래와 같다.

$$\tau^D \equiv E\left[Y_i^T \mid D_i = 1\right] - E\left[Y_i^C \mid D_i = 0\right]$$

수식에서 $E\left[Y_i^T \mid D_i = 1\right]$로 조건부 기댓값을 나타낸다. 즉 개입집단에 속하는 개인($D_i = 1$)이 개입을 받았을 때의 기댓값 $E\left[Y_i^T \mid D_i = 1\right]$과 비교집단에 속하는 개인($D_i = 0$)이 개입을 받지 않았을 때의 기댓값 $E\left[Y_i^C \mid D_i = 0\right]$의 차이에 의해 τ^D가 정의된다.

4) 자기 선택 편향(self-selection bias)

여기서 주의해야 하는 것은 τ^{ATE}와 τ^D가 꼭 일치하지는 않는다는 점이다. 이 점을 보여주기 위해 다음과 같이 τ^D를 분해한다.

$$\tau^D \equiv E\left[\,Y_i^T \mid D_i = 1\,\right] - E\left[\,Y_i^C \mid D_i = 0\,\right]$$

$$= E\left[\,Y_i^T \mid D_i = 1\,\right] - E\left[\,Y_i^C \mid D_i = 0\,\right] + E\left[\,Y_i^C \mid D_i = 1\,\right] - E\left[\,Y_i^C \mid D_i = 1\,\right]$$

$$= E\left[\,Y_i^T - Y_i^C \mid D_i = 1\,\right] + E\left[\,Y_i^C \mid D_i = 1\,\right] - E\left[\,Y_i^C \mid D_i = 0\,\right]$$

마지막 식의 $E\left[\,Y_i^C \mid D_i = 1\,\right] - E\left[\,Y_i^C \mid D_i = 0\,\right]$ 은 자기 선택 편향이라고 불린다. 자기 선택 편향은 개입집단에 속하는 개인이 개입을 받지 않았을 때의 기댓값과 비교집단에 속하는 개인이 개입을 받지 않았을 때의 기댓값 차이를 나타낸다. 이 값은 꼭 0이 되지 않는다는 점에 주의해야 한다. 또 자기 선택 편향은 두 기댓값의 차이로 정의되기 때문에 애초에 자기 선택 편향이 존재할 때는 데이터의 관측수가 늘어도 0으로 수렴되지 않는다.

$E\left[\,Y_i^T - Y_i^C \mid D_i = 1\,\right]$ 은 개입집단에 속하는 개인에 대한 평균 개입효과(Average Treatment Effects on the Treated, ATET)다. 이 값을 τ^{ATET} 로 표시하기로 한다.

τ^D 가 τ^{ATET} 와 같아지려면 자기 선택 편향이 0이어야 한다. 즉 $E\left[\,Y_i^C \mid D_i = 1\,\right] = E\left[\,Y_i^C \mid D_i = 0\,\right]$ 이 조건이다. 다시 말해 개입을 받지 않았을 때는 개입집단의 결과 기댓값과 비교집단의 결과 기댓값이 같아져야 한다. 이것이 2장에서 언급한, 개입집단과 비교집단에 의해 인과관계를 증명하기 위해 필요한 가정이다.

5) 무작위 배정

집단이 무작위로 나뉘었을 때를 생각해보자. 즉 D_i의 값이 무작위로 배정되는 경우다. 이때 D_i의 배정은 무작위이기 때문에 D_i에 의해 조건이 주어진 조건부 기댓값은 조건부가 아닌 통상의 기댓값과 같아진다. 즉 수학적으로는 아래의 식이 성립한다.

$$E\left[Y_i^C \mid D_i =1 \right] = E\left[Y_i^C \mid D_i =0 \right] = E\left[Y_i^C \right]$$
$$E\left[Y_i^T \mid D_i =1 \right] = E\left[Y_i^T \mid D_i =0 \right] = E\left[Y_i^T \right]$$

직관적으로는 D_i의 배정이 무작위인 경우 D_i로 조건이 주어지면 기댓값을 계산할 때 추가적인 정보를 알 수 없기 때문에 조건부 기댓값이 통상의 기댓값과 같아지는 것이다.

수식은 이렇게도 해석할 수 있다. 집단의 배정이 무작위이기 때문에 개입을 받았을 때의 기댓값은 집단 간에 같아지고 개입을 받지 않았을 때의 기댓값도 집단 간에 같아진다.

6) 무작위로 배정하면 τ^D와 τ^{AET}가 일치한다

개입집단의 평균값과 비교집단의 평균값 차이인 τ^D는 통상 τ^{ATE}와는 일치하지 않는다고 했었다. 그러나 무작위 배정에 따른 조건부 기댓값의 관계를 이용하면 다음과 같이 나타난다.

$$
\begin{aligned}
\tau^D &\equiv E\left[Y_i^T \mid D_i =1 \right] - E\left[Y_i^C \mid D_i =0 \right] \\
&= E\left[Y_i^T - Y_i^C \mid D_i =1 \right] + E\left[Y_i^C \mid D_i =1 \right] - E\left[Y_i^C \mid D_i =0 \right] \\
&= E\left[Y_i^T - Y_i^C \mid D_i =1 \right] \\
&= E\left[Y_i^T - Y_i^C \right] \\
&= \tau^{ATE}
\end{aligned}
$$

즉 무작위로 배정하면 개입집단의 평균값과 비교집단의 평균값 차이인 τ^D는 τ^{ATE}와 일치하는 것으로 나타났다. 이상의 증명이 '무작위로 집단을 나눔으로써 평균 개입효과를 추정할 수 있다'는 주장의 수학적인 근거다.

7) 무작위 배정은 Y의 평균값만이 아니라 다른 분포 정보에 대해서도 같아진다

또 무작위로 집단을 나누면 기댓값뿐 아니라 Y의 분포 F(Y)에 대해서도 아래의 관계를 보여줄 수 있다.

$$F\left[Y_i^C \mid D_i=1\right]=F\left[Y_i^C \mid D_i=0\right]=E\left[Y_i^C\right]$$
$$F\left[Y_i^T \mid D_i=0\right]=F\left[Y_i^T \mid D_i=0\right]=E\left[Y_i^T\right]$$

즉 Y의 D에 관한 조건부 분포는 단순한 Y의 분포와 같아진다. 따라서 무작위로 배정하면 Y의 평균값뿐 아니라 중간값이나 백분위수(percentile) 등 다른 분포 정보에 대해서도 '만약 개입을 받지 않았다면 개입집단의 결과 분포와 비교집단의 결과 분포는 같아진다'는 말이 성립한다.

8) 무작위 배정은 관측 가능한 개인 속성 변수 X나 실제로는 일어나지 않은 속성 U에 대해서도 같아진다

관측 가능한 개인 속성 변수 X나 실제로 일어나지 않은 속성 U에 대해 생각해보자. 집단이 무작위로 나뉘면 다음이 성립한다.

$$E\left[X \mid D_i=1\right]=E\left[X \mid D_i=0\right]=E\left[X\right]$$
$$E\left[U \mid D_i=1\right]=E\left[U \mid D_i=0\right]=E\left[U\right]$$

즉 집단의 배정이 무작위인 경우 D_i로 조건이 주어지면 기댓값을 계산할 때 추가적인 정보를 알 수 없으므로 관측 가능한 개인 속성 변수 X나 실제로 일어나지 않은 속성 U에 대해서도 조건부 기댓값은 단순한 기댓값과 같아진다.

2장에서 무작위 배정이 정확하게 이루어졌는지 확인하기 위해 개입집단과 비교집단의 개인 속성이 평균적으로 같아지는지 분석해야 한다고 설명했다. 무작위 배정이 정확하게 이루어지면 $E[X \mid D_i = 1] = E[X \mid D_i = 0]$이 성립할 것이므로 관측 가능한 변수 X에 대하여 이 점을 확인하는 것이다.

9) 보충 1: 비간섭성의 가정

엄밀히 말해 이상의 논의는 비간섭성(non-interference)이라는 가정이 성립하는 것을 전제로 한다. 이 가정은 '개인 i의 결과(Y_i^T와 Y_i^C)는 i가 개입을 받는지 받지 않는지에만 의존하고 다른 개인이 개입을 받는지 받지 않는지에는 의존하지 않는다'라는 가정이다. 앞서 언급한 개입의 파급효과가 나타나면 비간섭성이 무너진다. 파급효과가 발생하면 i가 아닌 다른 사람에 대한 개입이 i의 결과에 영향을 미치기 때문이다.

10) 보충 2: 패널 데이터 분석에서 이중차분법의 평행 트렌드 가정

지금까지 소개한 수식을 응용하면 패널 데이터 분석에 필요한 이중차분법의 평행 트렌드 가정도 수학적으로 나타낼 수 있다.

개입 전(t=0)과 개입 후(t=1), 개입집단과 비교집단의 데이터를 입수할 수 있다고 가정하자. 또 t=0과 t=1에서 개입을 받았을 때의 개인 i의 결과를 $Y_{i,\,t0}^T$과 $Y_{i,\,t1}^T$로 나타내고 개입을 받지 않았을 때의 개인 i의 결과를 $Y_{i,\,t0}^C$과 $Y_{i,\,t1}^C$로 나타내기로 하자. 지금까지와 마찬가지로 개인 i가 개입집단에 속할 때를 $D_i = 1$로 나타내고, 비교집단에 속할 때를 $D_i = 0$으로 나타내자. 그러면 차이의 차이를 계산해서 얻은 값(τ^{DD})은 아래와 같다.

$$\tau^{DD} = (E[Y_{i,\,t1}^T \mid D_i = 1] - E[Y_{i,\,t1}^C \mid D_i = 0])$$
$$- (E[Y_{i,\,t0}^C \mid D_i = 1] - E[Y_{i,\,t0}^C \mid D_i = 0])$$

$$=(E[Y_{i,t1}^T \mid D_i=1] - E[Y_{i,t1}^C \mid D_i=1])$$
$$+(E[Y_{i,t0}^C \mid D_i=1] - E[Y_{i,t1}^C \mid D_i=0])$$
$$-(E[Y_{i,t0}^C \mid D_i=1] - E[Y_{i,t0}^C \mid D_i=0])$$
$$=(E[Y_{i,t1}^T \mid D_i=1] - E[Y_{i,t1}^C \mid D_i=1])$$
$$+(E[Y_{i,t1}^C \mid D_i=1] - E[Y_{i,t0}^C \mid D_i=1])$$
$$-(E[Y_{i,t1}^C \mid D_i=0] - E[Y_{i,t0}^C \mid D_i=0])$$
$$=\tau^{ATET}(E[Y_{i,t1}^C \mid D_i=1] - E[Y_{i,t0}^C \mid D_i=1])$$
$$-(E[Y_{i,t1}^C \mid D_i=0] - E[Y_{i,t0}^C \mid D_i=0])$$

꽤 복잡해 보이는 식이지만 덧셈과 뺄셈만으로 변환이 이루어지고 있다. 마지막 식에 나오는 τ^{ATET}는 '개입을 받은 사람에 대한 평균 개입효과'다. 수학적으로는 아래와 같이 정의된다.

$$\tau^{ATET} = E[Y_{i,t1}^T \mid D_i=1] - E[Y_{i,t1}^C \mid D_i=1] = E[Y_{i,t1}^T - Y_{i,t1}^C \mid D_i=1]$$

ATE는 ATET와는 달라진다. ATE는 기댓값의 마지막에 $D_i=1$이라는 조건이 붙지 않는다. 즉 ATE는 개입을 받지 않은 사람도 포함하여 모든 대상에 대한 더 넓은 개념의 평균 개입효과를 뜻한다. 한편 ATET는 개입을 받은 사람에 대한 평균 개입효과다. 예를 들어 '만약 비교집단에 속하는 사람이 개입을 받았다면 평균 개입효과는 어떤 값이 나올까?'라는 문제가 있다고 하자. 이때 RCT에서 얻은 값은 앞서 설명했듯이 ATET인 동시에 ATE이므로 이 값을 비교집단의 평균 개입효과에도 적용할 수 있다. 하지만 이중차분법으로 얻은 ATET는 추가적인 가정이 없는 한, ATE와는 일치하지 않으므로 비교집단에 속하는 사람이 개입을 받았을 때의 평균 개입효과로는 해석할 수 없다.

마지막 식에서 τ^{ATET} 이외의 부분은 '개입집단이 개입을 받지 않았을 때 Y의 평균 변화량(트렌드)'과 '비교집단이 개입을 받지 않았을 때 Y의 평균 변화량(트렌드)'을 나타낸다. 후자는 관측할 수 있지만 전자는 관측할 수 없다. 왜냐하면 개입집단은 실제로는 개입을 받았기 때문이다.

이중차분법을 이용해서 τ^{DD}=τ^{ATET}라고 주장하려면 마지막 식의 τ^{ATET} 이외의 부분이 0이어야 한다. 그러므로 여기서 필요한 가정은 '개입집단이 개입을 받지 않았을 때 Y의 평균 변화량(트렌드)'과 '비교집단이 개입을 받지 않았을 때 Y의 평균 변화량(트렌드)'이 같다(즉 5장에서 말한 평행 트렌드 가정)'는 가정이다.

참고문헌

Allcott, Hunt. 2015. "Site Selection Bias in Program Evaluation." *The Quarterly Journal of Economics*, 130(3):1117-1165.

Anderson, Michael L., and Maximilian Auffhammer. 2014. "Pounds That Kill: The External Costs of Vehicle Weight." *The Review of Economic Studies*, 81(2):535-571.

Aroonruengsawat, Anin, and Maximilian Auffhammer. 2011. "Impacts of climate change on residential electricity consumption: evidence from billing data." *The Economics of climate change: Adaptations past and present.* University of Chicago Press, 311-342.

Borenstein, Severin. 2012. "The Redistributional Impact of Nonlinear Electricity Pricing." *American Economic Journal: Economic Policy*, vol.4, no.3, pp.56-90.

Chetty, Raj, John N. Friedman, Tore Olsen, and Luigi Pistaferri. 2011. "Adjustment Costs, Firm Responses, and Micro vs. Macro Labor Supply Elasticities: Evidence from Danish Tax Records." *The Quarterly Journal of Economics*, 126(2): 749-804.

Chetty, R., A. Looney, and K. Kroft. 2009. "Salience and taxation: Theory and evidence." *American Economic Review*, 99(4): 1145-1177.

Chong, Howard. 2012. "Building vintage and electricity use: Old homes use less electricity in hot weather." *European Economic Review*. 56(5): 906-930.

Cohen, Peter, Rpbert Hahn, Jonathan Hall, Steven Levitt, and Robert Metcalfe. 2016. "Using Big Data to Estimate Consumer Surplus: The Case of Uber." *NBER Working Paper*, 22627.

Duflo, Esther and Emmanuel Saez. 2003. "The Role of Information and Social Interactions in Retirement Plan Decisions: Evidence from a Randomized Experiment." *Quarterly Journal of Economics*, 118(3): 815-842.

Christia, Julian, Ana Santiago, Santiago Cueto, Pablo Ibarraran, and Eugenio Severin. 2012. "Technology and Child Development: Evidence from the One Laptop per Child Program." *IDB Working Paper Series*, 304.

Duflo, Esther, Rachel Glennerster, and Michael Kremer. 2007. "Chapter 61 Using Randomization in Development Economics Research: A Toolkit." *In Handbook of Development Economics*, Vol. 4, ed. T. Paul Schultz and John Strauss, 3895-3962. Elsevier

Heller, Sara B., Anuj K. Shah, Jonathan Guryan, Jens Ludwig, Sendhil Mullainathan, and Harold A. Pollack. 2015. "Thinking, Fast and Slow? Some Field Experiments to Reduce Crime and Dropout in Chicago." *NBER Working Paper*, 21178.

Holland, Paul W. 1986. "Statistics and Causal Inference." *Journal of the American Statistical Association*, 81(396): 945-960.

Ito, Koichiro. 2014. "Do Consumers Respond to Marginal or Average Price? Evidence from Nonlinear Electricity Pricing." *American Economic Review*, 104(2): 537-563.

Ito, Koichiro. 2015. "Asymmetric Incentives in Subsidies: Evidence from a Large-Scale Electricity Rebate Program." *American Economic Journal: Economic Policy*, 7(3): 209-237.

Ito, Koichiro and James M. Sallee, 2018. "The Economics of Attribute-Based Regulation: Theory and Evidence from Fuel-Economy Standards." *Review of Economics and Statistics*, 100(2): 319-336, 2018.

Ito, Koichiro, Takanori Ida, and Makoto Tanaka. 2017. "Moral Suasion and Economic Incentives: Field Experimental Evidence from Energy Demand." *American*

Economic Journal: Economic Policy, 10(1): 240-67, 2018.

Kleven, Henrik Jacobsen. 2016. "Bunching." *Annual Review of Economics*, 8(1): 435-464.

Kleven, Henrik Jacobsen, Camille Landais, and Emmanuel Saez. 2013. "Taxation and International Migration of Superstars: Evidence from the European Football Market." *American Economic Review*, 103(5): 1892-1924.

Mian, Atif, and Amir Sufi. 2012. "The Effects of Fiscal Stimulus: Evidence from the 2009 Cash for Clunkers Program." *The Quarterly Journal of Economics*, vol. 127(3) 1107-1142.

Quinn, Graham E., Chai H. Shin, Maureen G. Maguire, and Richard A. Stone. 1999. "Myopia and ambient lighting at night." *Nature*, 399(6732): 113-114.

Rubin, Donald B. 1974. "Estimating causal effects of treatments in randomized and nonrandomized studies." *Journal of educational Psychology*, 66(5): 688.

Saez, Emmanuel. 1999. "Do Taxpayers Bunch at Kink Points?" *National Bureau of Economic Research Working Paper Series*, No. 7366.

Saez, Emmanuel. 2010. "Do Taxpayers Bunch at Kink Points?" *American Economic Journal: Economic Policy*, 2(3): 180-212.

Shigeoka Hitoshi, 2014. "The Effect of Patient Cost Sharing on Utilization, Health, and Risk Protection." *American Economic Review*, 104(7): 2152-84.

植田和弘(1998),《環境経済学への招待》丸善ライブラリー.

依田高典・田中誠・伊藤公一朗(2017)《スマートグリッド・エコノミクス ― フィールド実験・行動経済学・ビッグデータが拓くエビデンス政策》有斐閣.

옮긴이 **전선영**

한국외국어대학교 일본어과를 졸업하고 현재 출판 전문 번역가로 활동 중이다. 옮긴 책으로 《감정적으로 받아들이지 않는 연습》,《도쿄대 교수가 제자들에게 주는 쓴소리》,《쓸데없는 걱정 따위》,《카리스마 CEO의 함정》,《일상생활 속에 숨어 있는 수학》,《개념부터 다시 시작하는 Reset! 수학》(전 4권) 등이 있다.

감수 **이학배**

연세대학교 응용통계학과(통계학 전공)를 졸업하고 동대학원에서 석사, 미국 미네소타대학에서 통계학으로 박사학위를 받았다. 연세대학교 경제대학원 원장을 지냈다. 현재 연세대학교 응용통계학과 교수로 재직 중이며 한국자료분석학회 부회장을 역임하고 있다. 국민안전처 등의 여러 정부기관에서 데이터 분석과 통계에 관한 자문을 해왔다. 빅데이터 분석에 대한 국내 최고의 권위자로 손꼽힌다.

데이터 분석의 힘

그 많은 숫자들은 어떻게 전략이 되는가

초판 1쇄   2018년 8월 31일
초판 12쇄 2022년 8월 31일

지은이 | 이토 고이치로
옮긴이 | 전선영
감수 | 이학배

발행인 | 문태진
본부장 | 서금선
편집2팀 | 임은선 이보람 정희경
표지·본문디자인 | 디박스   교정 | 윤정숙

기획편집팀 | 한성수 허문선 최지인 이준환 송현경 이은지 백지윤   저작권팀 | 정선주
마케팅팀 | 김동준 이재성 문무현 김윤희 김혜민 김은지 이선호 조용환   디자인팀 | 김현철 손성규
경영지원팀 | 노강희 윤현성 정헌준 조샘 조희연 김기현 이하늘
강연팀 | 장진항 조은빛 강유정 신유리 김수연

펴낸곳 | ㈜인플루엔셜
출판신고 | 2012년 5월 18일 제300-2012-1043호
주소 | (06619) 서울특별시 서초구 서초대로 398 BnK디지털타워 11층
전화 | 02)720-1034(기획편집) 02)720-1024(마케팅) 02)720-1042(강연섭외)
팩스 | 02)720-1043   전자우편 | books@influential.co.kr
홈페이지 | www.influential.co.kr

한국어판 출판권 ⓒ ㈜인플루엔셜, 2018
ISBN 979-11-86560-79-2 03320